KB253798

영어와 한자를 동시에! 일력 365

1일 5분 초등 영단어

반석출판사

- ✔ 뜻으로 연결되는 **영어 & 한자 어휘**
- ✔ **연상 기억법**을 통한 탁월한 학습 혁명
- ✔ **한자 내신?** 영어 단어 외우면서 끝내자!
- ✔ 탁상에 두고 가볍게! **하루 한 글자**면 충분
- ✔ 따로 공부할 필요가 없다! **하루 5분** 투자
- ✔ 식탁, **책상 위 필수템**! 스마트하게 공부

김동화 지음

하루 5분 투자, 1년이면 마스터!

이 책은 따로 시간을 내어 암기할 필요 없이,
탁상에 두고 틈틈이 보는 것만으로도 학습이 가능합니다.

- ☑ 식탁에서 밥을 먹으면서, 책상에서 공부하다가 잠깐씩,
  하루 한 글자만 봐도 충분합니다.
- ☑ 하루 5분만 투자하면, 1년 뒤에는 영어 & 한자가
  머릿속에 자연스럽게 남아 있을 것입니다.
- ☑ 따로 한자 내신을 준비하지 않아도, 영어 단어와 문장을
  외우면서 자동으로 한자까지 익힐 수 있습니다!

연상 기억법으로 영어 & 한자 완벽 정복

단순 암기가 아닙니다!
한자와 영어 단어를 별개로 외우는 것이 아니라,
뜻을 연결하고 연상하며 학습하는 방식이기 때문에,

- ☑ 더 오래 기억되고,
- ☑ 더 빠르게 암기할 수 있으며,
- ☑ 공부에 대한 집중력이 더욱 높아집니다.

이 책은 어떻게 구성되었을까요?

- ☑ 초등학교 고학년부터 중학생까지 활용 가능
- ☑ 20일마다 체크하는 복습으로 확실한 학습 가능
- ☑ 실용적인 사자성어로 어휘력과 문해력 향상 가능
- ☑ 책상 위 필수템! 언제 어디서나 부담 없이 가볍게 학습
- ☑ 영어 단어 & 내신 필수 한자를 한 번에 익힐 수 있도록 촘촘하게 구성
- ☑ 한자 풀이를 통해 국어 어휘 능력까지 확장!
- ☑ 배운 단어를 바로 써먹을 수 있도록, 예문까지 수록!

이 책은 제 아이들에게 효과가 입증된 학습법을 더 많은 분들과 나누기 위해 용기를 내어 출간한 첫 어휘책입니다.
저의 세심한 노력과 경험이 담긴 이 책이 여러분의 학습에 큰 도움이 되기를 바랍니다.

이제 하루 5분 투자로 영어 & 한자 완벽 정복!
책상 위 필수템으로 내신까지 완벽 대비하세요!

– 저자 드림.

Day 001

Solar

(sun)

태양의 (태양)

日 낮 **일**

日은 해, 날, 햇빛 등의 의미를 가진 글자로, 일출(日出, 해가 뜨는 것), 일기(日記, 하루의 기록) 등의 단어에서 사용된다.

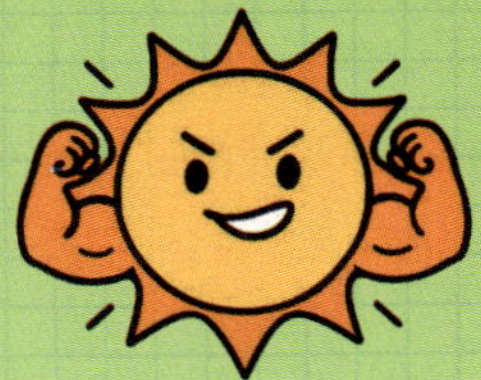

This car runs on solar power

(이 자동차는 태양 에너지로 움직인다)

Day 002

Lunar

(moon)

달의 (달)

月 달 **월**

月은 하늘에 떠 있는 달의 모습을 본뜬 글자로, 월요일(月曜日, Monday), 월광(月光, 달빛) 등의 단어에서 사용된다.

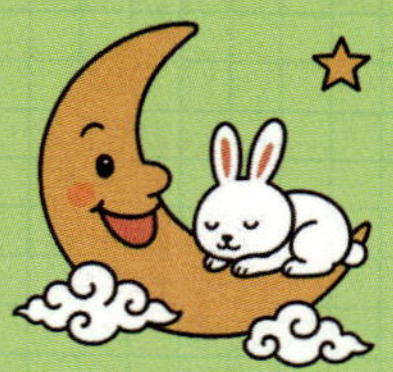

We can see the lunar light

(우리는 달빛을 볼 수 있다)

Day 003

Peak

(mountain)

꼭대기 (산)

山 뫼 **산**

山은 산봉우리가 세 개 솟아 있는 모습을 본뜬 글자로, 등산(登山, 산에 오르다), 산림(山林, 산과 숲) 등의 단어에서 사용된다.

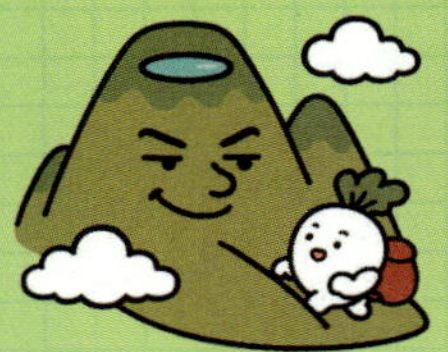

The mountain has a high peak

(그 산은 높은 봉우리를 가지고 있다)

Liquid
(water)

액체 (물)

水 물 수

水는 물이 흐르는 모습을 형상화한 글자로,
수영(水泳, 헤엄), 수문(水門, 물을 다스리는 문,
댐이나 수로의 입구) 등의 단어에서 사용된다.

Water is a clear liquid
(물은 투명한 액체이다)

Day 005

Flame

(fire)

불꽃 (불)

火 불 **화**

火는 불꽃이 타오르는 모습을 본뜬 글자로, 화산(火山, 마그마가 땅 위로 분출되어 생긴 산), 화력(火力, 불의 힘, 열에너지) 등의 단어에서 사용된다.

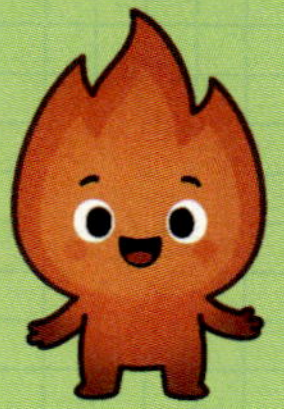

The candle has a small flame

(촛불에는 작은 불꽃이 있다)

Day 006

Heaven

(sky)

천국 (하늘)

天 하늘 **천**

天은 하늘, 천국, 날씨 등의 의미를 가진 글자로, 천국(天國, 하늘나라, 천당), 천운(天運, 하늘이 내린 운명) 등의 단어에서 사용된다.

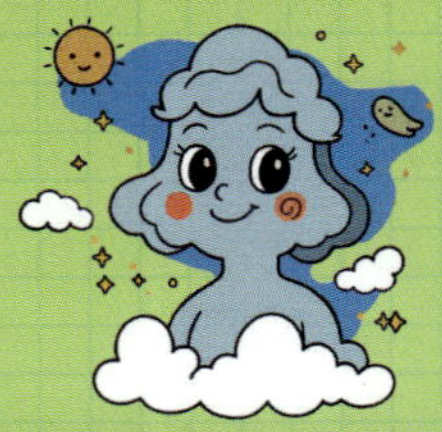

The stars filled the heavens

(별들이 하늘을 가득 채웠다)

Astrology
(star)

점성술 (별)

星 별 성

星은 하늘에 빛나는 별을 의미하는 글자로,
유성(流星, 하늘을 가로지르는 별똥별),
성좌(星座, 별자리) 등의 단어에서 사용된다.

Astrology studies the stars
(점성술은 별을 연구한다)

Day 008

Beam

(light)

빛줄기 (빛)

光 빛 **광**

光은 빛을 의미하는 글자로,
광명(光明, 밝은 빛), 광속(光速, 빛의 속도) 등의
단어에서 사용된다.

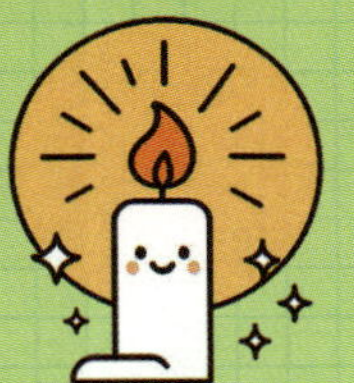

The sun's beam warmed my face

(태양빛이 내 얼굴을 따뜻하게 했다)

Day 009

Shiny

(bright)

빛나는 (밝은)

明 밝을 **명**

明은 밝음이나 빛을 의미하는 글자로,
문명(文明, 인류가 이룩한 물질적, 사회적 등의 발전),
명암(明暗, 밝음과 어두움) 등의 단어에서 사용된다.

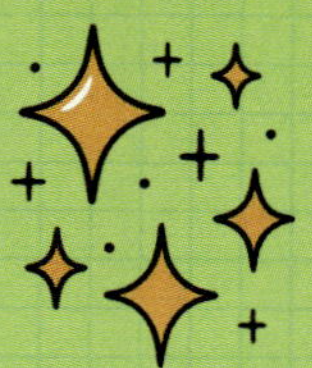

The stars look shiny at night

(밤에는 별들이 반짝인다)

Day 010

Shady
(black)

그늘진 (검정)

黑 검을 **흑**

黑은 검은색이나 어둠을 의미하는 글자로, 흑백(黑白, 검은색과 흰색), 암흑(暗黑, 어둡고 캄캄함) 등의 단어에서 사용된다.

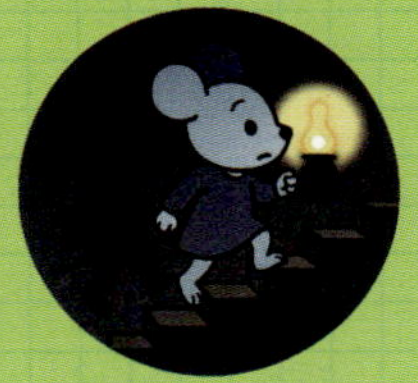

Let's sit in the shady spot
(그늘진 곳에 앉자)

Day 011

Navy

(blue)

짙은 파란색 (파랑)

靑 푸를 **청**

靑은 푸르다, 젊다 등의 의미를 가진 글자로,
청춘(靑春, 젊은 시절), 청산(靑山, 푸른 산) 등의
단어에서 사용된다.

*navy: 남색(짙은 파란색), 해군

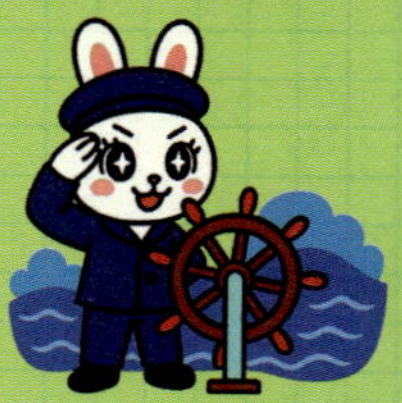

Navy looks good on you

(너한테 남색이 잘 어울려)

Day 012

Surface

(earth)

표면 (땅, 지구)

地 땅 **지**

地는 땅, 장소, 기반 등의 의미를 가진 글자로, 지구(地球, 우리가 사는 행성), 지역(地域, 일정한 구역) 등의 단어에서 사용된다.

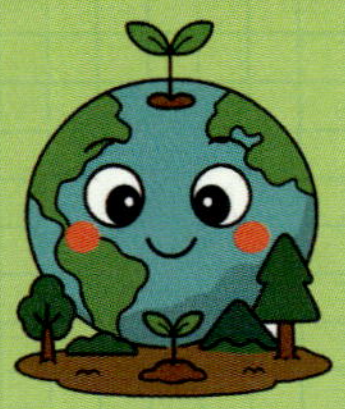

The Earth's surface is mostly water

(지구 표면의 대부분은 물이다)

Day 013

Clay

(soil)

점토 (흙)

土 흙 **토**

土는 흙, 땅, 토양 등의 의미를 가진 글자로,
국토(國土, 나라의 땅), 토지(土地, 사람이 이용하는 땅)
등의 단어에서 사용된다.

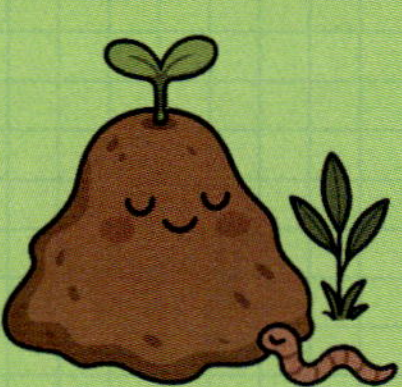

The ground was covered in wet clay

(땅이 젖은 점토로 덮여 있었다)

Day 014

Atmosphere

(air)

대기 (공기)

氣 기운 **기**

氣는 공기, 기운, 에너지 등의 의미를 가진 글자로, 기운(氣運, 어떤 일이 벌어지려고 하는 분위기), 기분(氣分, 마음의 상태나 느낌) 등의 단어에서 사용된다.

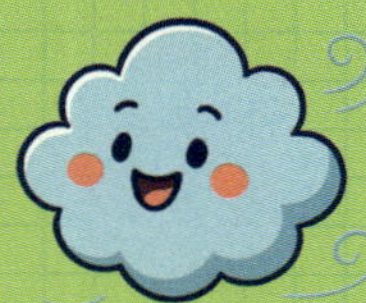

Mars has a thin atmosphere

(화성은 희박한 대기를 가지고 있다)

Day 015

Landscape

(view)

풍경 (경치)

景 볕 **경**

景은 빛, 경치, 상황 등의 의미를 가진 글자로, 경치(景致, 아름다운 자연 풍경), 배경(背景, 사물이나 사건의 뒷면에 있는 환경) 등의 단어에서 사용된다.

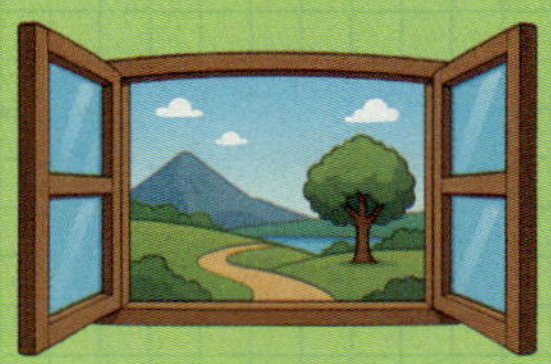

The landscape is beautiful

(풍경이 아름답다)

Day 016

Moisture

(dew)

수분 (이슬)

露 이슬 **로(노)**

露는 이슬, 드러나다 등의 의미를 가진 글자로, 백로(白露, 24절기 중 하나, 이슬이 맺히기 시작하는 시기), 노출(露出, 겉으로 드러나 보이게 함) 등의 단어에서 사용된다.

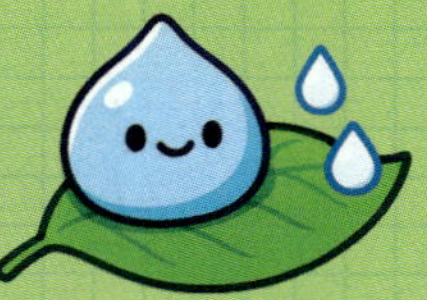

The towel absorbed the moisture

(수건이 수분을 흡수했다)

Day 017

Rainfall

(rain)

강우량 (비)

雨 비 우

雨는 하늘에서 떨어지는 비를 의미하는 글자로, 우산(雨傘, 비를 막는 도구), 우의(雨衣, 비를 막아주는 옷) 등의 단어에서 사용된다.

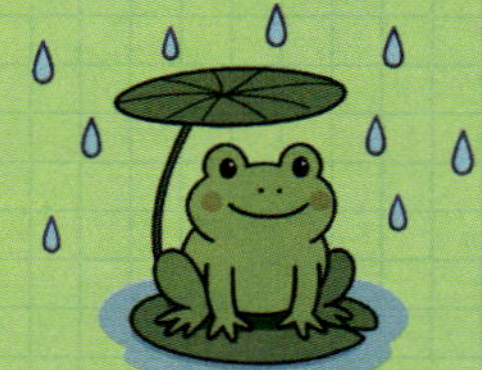

The rainfall was heavy last night

(어젯밤 비가 많이 왔다)

Day 018

Typhoon
(wind)

태풍 (바람)

風 바람 **풍**

風은 바람, 기후, 흐름 등의 의미를 가진 글자로, 태풍(颱風, 폭풍우를 동반한 강한 기상현상), 풍속(風速, 바람의 속도), 풍경(風景, 자연의 경치) 등의 단어에서 사용된다.

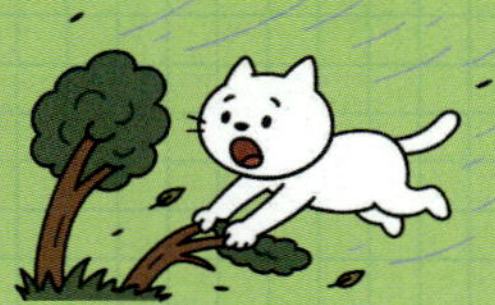

They are preparing for the typhoon
(그들은 태풍을 대비하고 있다)

Day 019

Thunder
(lightning)

천둥 (번개)

雷 천둥 **뢰(뇌)**

雷는 하늘에서 울리는 천둥을 의미하는 글자로, 뇌우(雷雨, 천둥을 동반한 비), 낙뢰(落雷, 벼락이 땅에 떨어지는 것) 등에서 사용된다.

The dog is scared of thunder
(그 개는 천둥을 무서워한다)

Day 020

Surge
(flow)

밀려들다 (흐름)

流 흐를 **류(유)**

流는 물이 흘러가는 모습을 본뜬 글자로,
유행(流行, 어떤 것이 물처럼 퍼져나가는 현상),
유출(流出, 안에 있던 것이 밖으로 흘러나감)
등에서 사용된다.

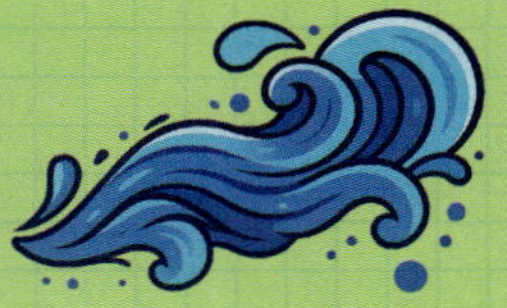

Rain and wind surged together
(비와 바람이 함께 몰아쳤다)

20일 챌린지! 복습 타임!

영어		한자	체크
solar	sun	日 (낮 일)	☐☐☐
lunar	moon	月 (달 월)	☐☐☐
peak	mountain	山 (뫼 산)	☐☐☐
liquid	water	水 (물 수)	☐☐☐
flame	fire	火 (불 화)	☐☐☐
heaven	sky	天 (하늘 천)	☐☐☐
astrology	star	星 (별 성)	☐☐☐
beam	light	光 (빛 광)	☐☐☐
shiny	bright	明 (밝을 명)	☐☐☐
shady	black	黑 (검을 흑)	☐☐☐
navy	blue	靑 (푸를 청)	☐☐☐
surface	earth	地 (땅 지)	☐☐☐
clay	soil	土 (흙 토)	☐☐☐
atmosphere	air	氣 (기운 기)	☐☐☐
landscape	view	景 (볕 경)	☐☐☐
moisture	dew	露 (이슬 로(노))	☐☐☐
rainfall	rain	雨 (비 우)	☐☐☐
typhoon	wind	風 (바람 풍)	☐☐☐
thunder	lightning	雷 (천둥 뢰(뇌))	☐☐☐
surge	flow	流 (흐를 류(유))	☐☐☐

Day 021

Frost

(snow)

서리 (눈)

雪 눈 설

雪은 눈, 깨끗함 등의 의미를 가진 글자로,
설경(雪景, 눈 내린 풍경), 설산(雪山, 눈 덮인 산),
폭설(暴雪, 매우 많이 내리는 눈) 등의 단어에서
사용된다.

Frost forms on cold mornings

(서리는 추운 아침에 생긴다)

Day 022

Glacier

(ice)

빙하 (얼음)

氷 얼음 **빙**

氷은 얼음, 차갑다 등의 의미를 가진 글자로, 빙산(氷山, 바다에 떠 있는 거대한 얼음 덩어리), 해빙(解氷, 얼음이 녹음) 등의 단어에서 사용된다.

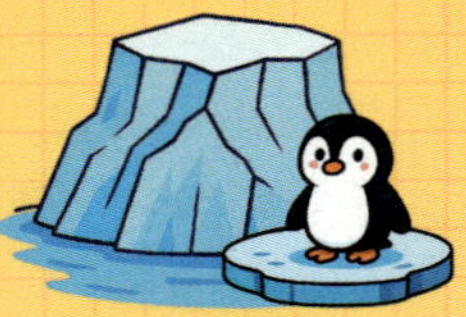

The glacier is slowly melting

(그 빙하는 천천히 녹고 있다)

Day 023

Stream

(river)

개울 (강)

川 강 천 / 江 강 강

川은 작은 하천이나 개울을 뜻하며, 자연을 표현할 때 자주 쓰인다.
반면 江은 한강(漢江)처럼 넓고 긴 강을 의미하고, 주로 큰 강을 나타낼 때 사용된다.

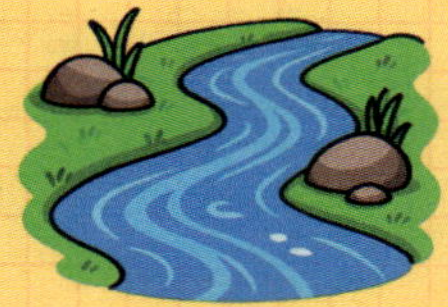

We crossed the stream

(우리는 시냇물을 건넜다)

Day 024

Pond

(lake)

작은 연못 (호수)

湖 호수 **호**

湖는 강이나 바다보다 작은 호수를 의미하는 글자로, 호수(湖水, 땅이 우묵하게 들어가 물이 괴어 있는 곳), 청평호(淸平湖, 경기도 가평에 있는 호수) 등의 단어에서 사용된다.

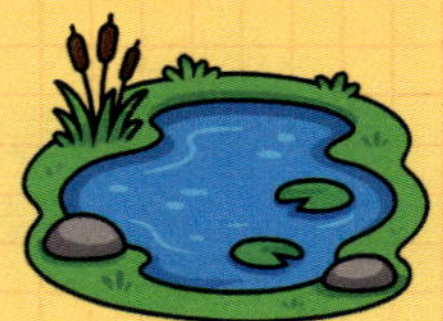

She threw a stone into the pond

(그녀는 연못에 돌을 던졌다)

Day 025

Ocean

(sea)

대양 (바다)

海 바다 **해**

海는 넓고 큰 바다를 의미하는 글자로,
해수(海水, 바닷물), 해양(海洋, 넓은 바다) 등의
단어에서 사용된다.

Waves crash in the ocean

(파도가 바다에서 부서진다)

Day 026

Peninsula

(island)

반도 (섬)

島 섬 도

島는 사방이 물로 둘러싸인 섬을 의미하는 글자로, 반도(半島, 삼면이 바다로 둘러싸인 땅), 무인도(無人島, 사람이 살지 않는 섬) 등의 단어에서 사용된다.

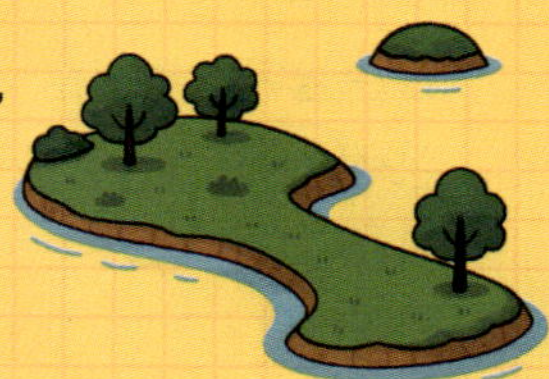

Korea is a peninsula country

(한국은 반도 국가이다)

Day 027

Stone

(rock)

돌 (바위)

石 돌 **석**

石은 돌이나 바위를 의미하는 글자로,
석재(石材, 건축이나 조각에 쓰이는 돌),
석공(石工, 돌을 다루어 물건을 만드는 사람) 등의
단어에서 사용된다.

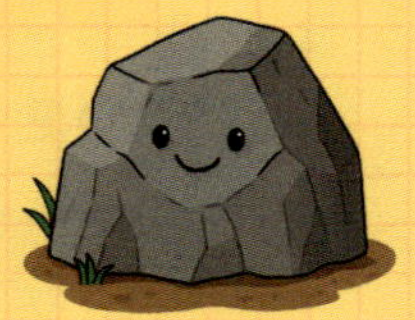

He picked up a stone

(그는 돌을 주웠다)

Day 028

Harbor

(port)

항만 (항구)

港 항구 **항**

港은 배가 드나드는 항구를 의미하는 글자로, 항구(港口, 배가 정박하여 화물을 싣고 내리는 곳), 출항(出港, 항구에서 배가 출발함) 등의 단어에서 사용된다.

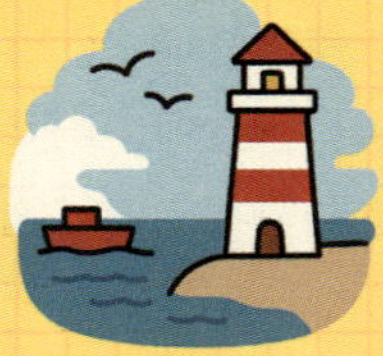

The ship entered the harbor

(그 배는 항구로 들어왔다)

Day 029

Hill

(summit)

언덕 (산꼭대기)

原

언덕 **원**

原은 언덕 또는 들, 벌판을 의미하는 글자로,
평원(平原, 평평한 들판), 초원(草原, 풀이 난 들)
등의 단어에서 사용된다.

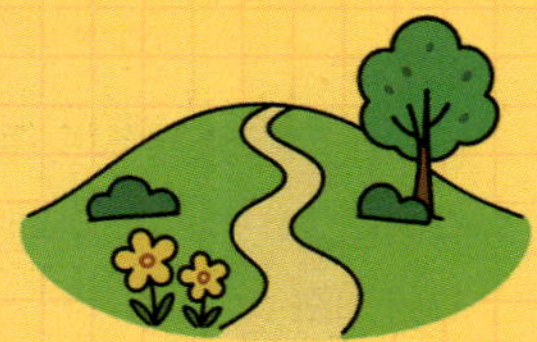

There is a house on the hill

(언덕 위에 집이 하나 있다)

Day 030

Desert

(sand)

사막 (모래)

沙 모래 **사**

沙는 모래를 의미하는 글자로, 사막(沙漠, 넓고 건조한 모래땅), 백사장(白沙場, 강이나 바닷가에 흰 모래가 넓게 깔린 곳) 등의 단어에서 사용된다.

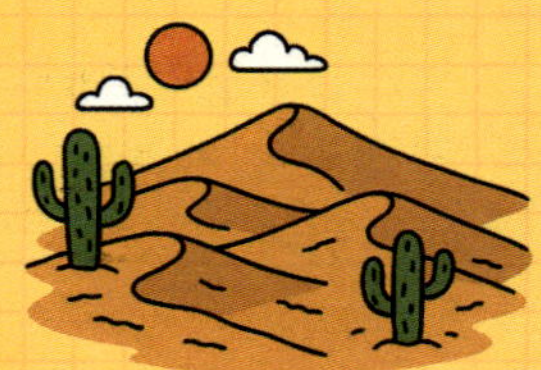

There is no water in the desert

(사막에는 물이 없다)

Day 031

Agriculture

(farm)

농업 (농장)

田 밭 **전**

田은 농사를 짓는 논이나 밭을 의미하는 글자로, 전원(田園, 논과 밭, 시골이나 교외), 수전(水田, 물을 쉽게 댈 수 있는 논) 등의 단어에서 사용된다.

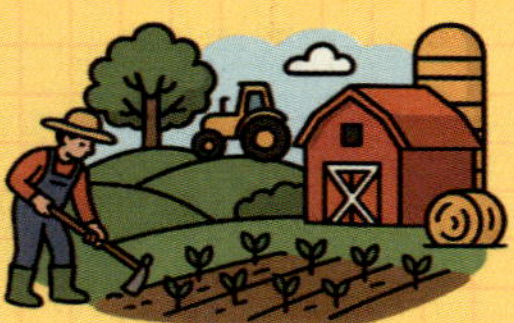

Many people work in agriculture

(많은 사람들이 농업에 종사한다)

Day 032

Plain

(field)

평원 (들판)

野 들 **야**

野는 산이나 들과 같은 넓고 열린 땅을 의미하는 글자로, 야생(野生, 자연 속에서 자라는 것), 야외(野外, 실외, 밖의 공간) 등의 단어에서 사용된다.

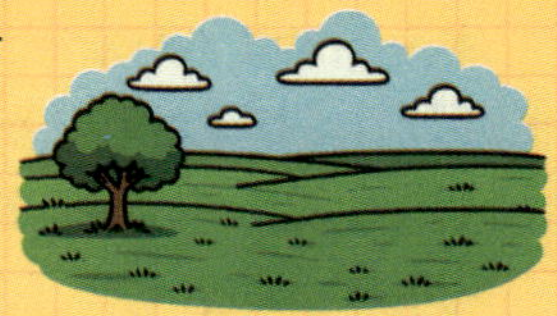

The plain is wide and open

(평원이 넓고 탁 트여 있다)

Day 033

Branch
(tree)

나뭇가지 (나무)

木 나무 **목**

木은 뿌리와 가지를 가진 나무의 모습을 본뜬 글자로, 목재(木材, 나무로 만든 재료), 수목원(樹木園, 각종 나무를 수집하거나 재배하는 시설) 등의 단어에서 사용된다.

The tree has many branches
(그 나무에는 많은 가지가 있다)

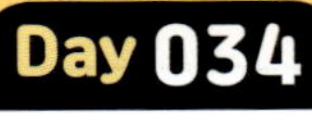

Rainforest
(forest)

열대림 (산림)

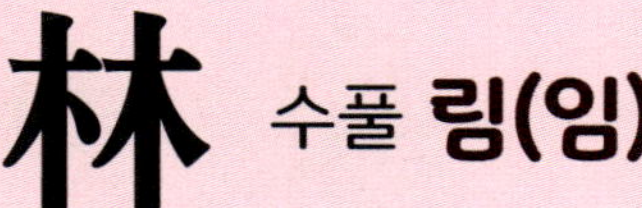

林 수풀 림(임)

林은 나무가 우거진 숲을 의미하는 글자로, 밀림(密林, 빽빽한 숲), 산림(山林, 산과 숲) 등의 단어에서 사용된다.

The rainforest is full of tall trees
(열대우림에는 키 큰 나무들이 가득하다)

Day 035

Spring

샘

泉 샘 **천**

泉은 샘이나 솟아나는 물을 의미하는 글자로,
온천(溫泉, 따뜻한 지하수가 솟아 나오는 샘),
청천(淸泉, 맑은 샘) 등의 단어에서 사용된다.
*spring: 봄, (갑자기) 뛰어오르다

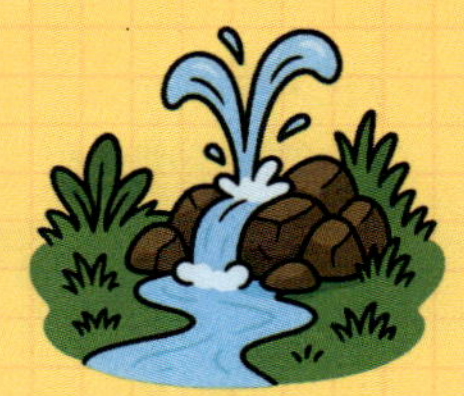

Water flows from the spring
(꽃들은 봄에 핀다)

Day 036

Surf

(wave)

파도타기 (파도)

波 물결 **파**

波는 물결이나 파도를 의미하는 글자로,
전파(電波, 전기적 신호의 파동), 음파(音波, 소리가
전달되는 파동) 등의 단어에서 사용된다.

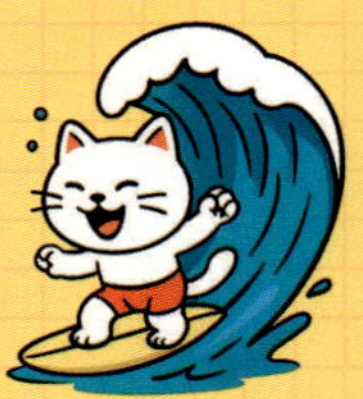

Big waves make it hard to surf

(큰 파도 때문에 서핑하기 어렵다)

Day 037

Lawn

(grass)

잔디밭 (풀)

草 풀 **초**

草는 땅에서 자라는 작은 식물을 뜻하며,
초원(草原, 풀이 난 들), 초목(草木, 풀과 나무)
등의 단어에서 사용된다.

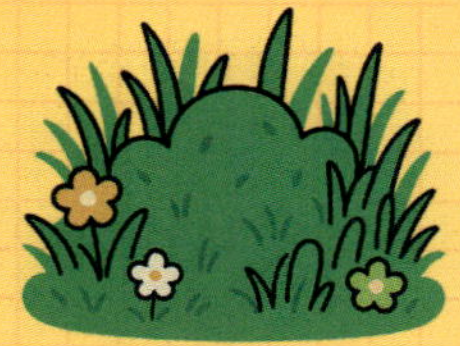

He is cutting the lawn

(그는 잔디를 깎고 있다)

Day 038

Sprout

(leaf)

새싹 (잎)

葉 잎 **엽**

葉은 나무에서 자라나는 잎을 의미하며,
낙엽(落葉, 떨어지는 잎), 엽서(葉書, 짧은 글을
적어 보내는 작은 편지) 등의 단어에서 사용된다.

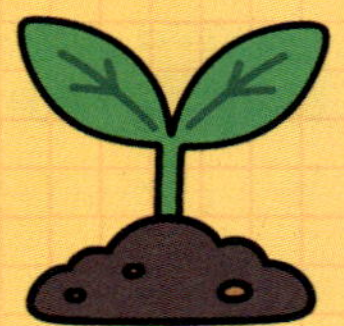

A sprout is growing in the soil

(새싹이 흙에서 자라고 있다)

Day 039

Bloom

(flower)

꽃이 피다 (꽃)

花 꽃 **화**

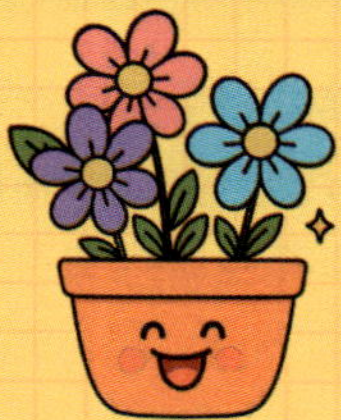

花는 꽃을 의미하는 글자로,
화초(花草, 꽃과 풀), 화원(花園, 꽃을 심은 동산)
등의 단어에서 사용된다.

The flowers bloom in spring

(꽃들은 봄에 핀다)

Day 040

Harvest

(fruit)

수확하다 (과일)

果 열매 **과**

果는 나무에서 맺히는 열매를 의미하며,
성과(成果, 이루어진 결과), 결과(結果, 어떤 일의 끝맺음) 등의 단어에서 사용된다.

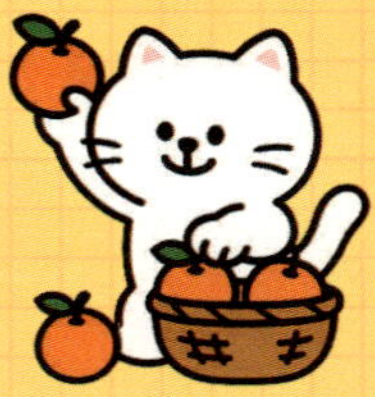

They are harvesting oranges now

(그들은 지금 오렌지를 수확하고 있다)

영어		한자	체크
frost	snow	雪 (눈 설)	☐☐☐
glacier	ice	氷 (얼음 빙)	☐☐☐
stream	river	川, 江 (강 천, 강 강)	☐☐☐
pond	lake	湖 (호수 호)	☐☐☐
ocean	sea	海 (바다 해)	☐☐☐
peninsula	island	島 (섬 도)	☐☐☐
stone	rock	石 (돌 석)	☐☐☐
harbor	port	港 (항구 항)	☐☐☐
hill	summit	原 (언덕 원)	☐☐☐
desert	sand	沙 (모래 사)	☐☐☐
agriculture	farm	田 (밭 전)	☐☐☐
plain	field	野 (들 야)	☐☐☐
branch	tree	木 (나무 목)	☐☐☐
rainforest	forest	林 (수풀 림(임))	☐☐☐
	spring	泉 (샘 천)	☐☐☐
surf	wave	波 (물결 파)	☐☐☐
lawn	grass	草 (풀 초)	☐☐☐
sprout	leaf	葉 (잎 엽)	☐☐☐
bloom	flower	花 (꽃 화)	☐☐☐
harvest	fruit	果 (열매 과)	☐☐☐

Day 041

Stem

(root)

줄기 (뿌리)

根 뿌리 근

根은 식물의 뿌리를 의미하는 글자로,
근본(根本, 사물의 근원이나 바탕), 근성(根性, 태어날 때부터 지니고 있는 근본적인 성질) 등의 단어에서 사용된다.

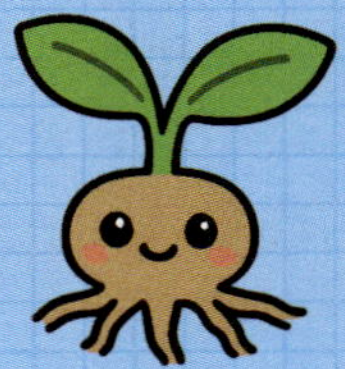

She cut the stem of the flower

(그녀는 꽃의 줄기를 잘랐다)

Day 042

Grain

(rice)

곡물 (쌀)

米 쌀 미

米는 벼에서 나온 곡식을 의미하며,
미음(米飮, 쌀로 만든 묽은 죽), 백미(白米, 흰 쌀)
등의 단어에서 사용된다.

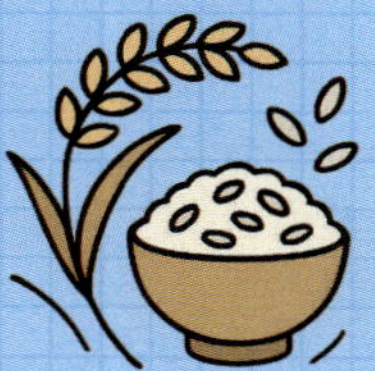

Rice is a type of grain

(쌀은 곡물의 한 종류이다)

Wheat

밀

麥 보리 맥

麥은 보리, 밀 등의 의미를 가진 글자로,
맥주(麥酒, 보리로 만든 술), 소맥(小麥, 밀의 한 종류)
등의 단어에서 사용된다.

Wheat is used for bread
(밀은 빵을 만드는 데 사용된다)

Day 044

Bean

콩

豆 콩 **두**

豆는 콩을 의미하는 글자로,
두유(豆乳, 콩으로 만든 우유), 두부(豆腐, 콩을 가공한 식품) 등의 단어에서 사용된다.

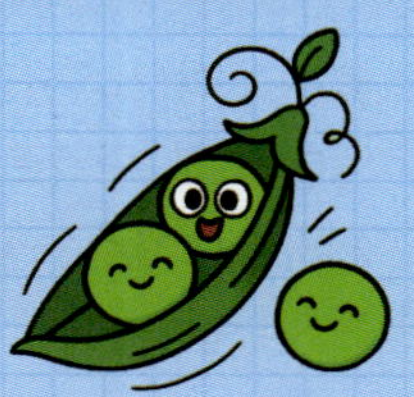

The soup has black beans in it
(그 수프에는 검은콩이 들어 있다)

Day 045

Insect
(bug)

곤충 (벌레)

蟲 벌레 **충**

蟲은 곤충이나 벌레를 의미하는 글자로,
성충(成蟲, 다 자란 벌레), 해충(害蟲, 농작물이나
사람에게 해로운 벌레) 등의 단어에서 사용된다.

The garden is full of insects
(정원에는 곤충들이 가득하다)

Flock
(bird)

새 떼 (새)

鳥 _새**조**

鳥는 하늘을 나는 새를 형상화한 글자로,
조류(鳥類, 새의 종류), 백조(白鳥, 흰 새) 등의
단어에서 사용된다.

A flock of birds is flying
(새 한 무리가 날아가고 있다)

Day 047

Hatch

(egg)

부화하다 (달걀)

卵 알 **란(난)**

卵은 새가 낳은 알을 의미하며,
계란(鷄卵, 달걀, 닭이 낳은 알), 수란(水卵, 물에 익힌 달걀) 등의 단어에서 사용된다.

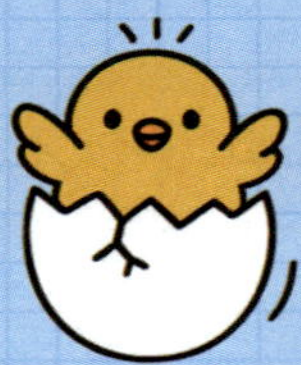

The eggs will hatch in a few days

(그 알들은 며칠 안에 부화할 것이다)

Day 048

Marine

(fish)

해양의 (물고기)

魚 물고기 **어**

魚는 물고기를 뜻하는 글자로,
어류(魚類, 물고기의 종류), 해수어(海水魚, 바다에
사는 물고기) 등의 단어에서 사용된다.

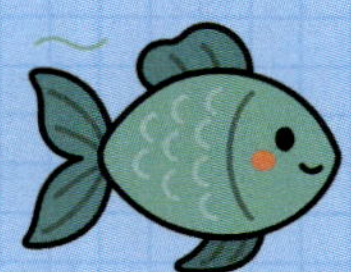

The marine water is very clear

(바닷물이 매우 맑다)

Day 049

Fisherman
(fishing)

어부 (낚시)

漁 고기 잡을 **어**

漁는 물고기를 잡는 행위를 의미하는 글자로,
어업(漁業, 물고기를 잡거나 기르는 직업), 어민(漁民,
물고기를 잡는 사람들) 등의 단어에서 사용된다.

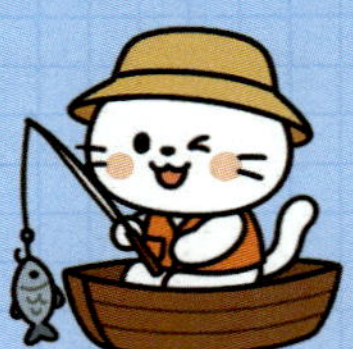

The fisherman caught a big fish
(어부가 큰 물고기를 잡았다)

Foal
(horse)

망아지 (말)

馬 말 **마**

馬는 말(동물)을 의미하는 글자로,
마차(馬車, 말이 끄는 수레), 출마(出馬, 선거에
나가거나 말을 타고 나감) 등에서 사용된다.

The foal has a long tail
(그 망아지는 긴 꼬리를 가지고 있다)

Day 051

Puppy

(dog)

강아지 (개)

犬 개 **견**

犬은 개의 모양을 본뜬 글자로,
충견(忠犬, 주인에게 충실한 개), 애견(愛犬, 개를 사랑함) 등의 단어에서 사용된다.

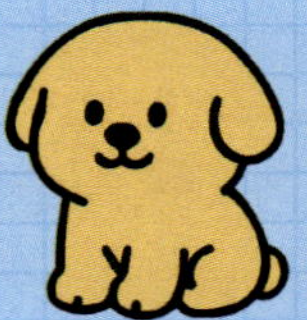

The puppy is sleeping

(강아지가 자고 있다)

Day 052

Cattle

(cow)

소 떼 (암소)

牛 소 **우**

牛는 소, 소의 얼굴을 본떠 만든 글자로,
우유(牛乳, 소의 젖), 한우(韓牛, 한국 토종 소) 등의
단어에서 사용된다.

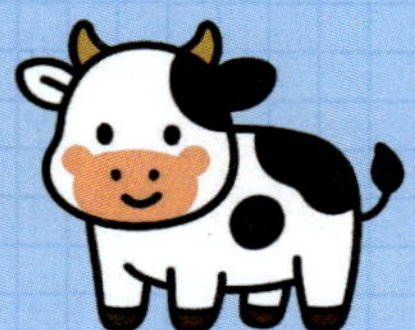

The cattle are grazing in the field

(소들이 들판에서 풀을 뜯고 있다)

Day 053

Horn

뿔

角 뿔 각

角은 뿔, 모서리, 각도 등의 의미를 가진 글자로,
각도(角度, 두 직선의 벌어진 정도), 삼각형(三角形,
세 개의 각을 가진 도형) 등의 단어에서 사용된다.

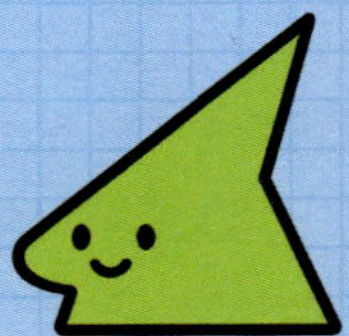

This deer has a horn

(이 사슴은 뿔이 있다)

Day 054

Unit

(one)

단위 (하나)

一 하나 **일**

一은 가장 기본적인 숫자로,
일등(一等, 첫 번째), 일원(一員, 한 명의 구성원)
등의 단어에서 사용된다.

The store sells items by the unit

(그 가게는 물건을 개별 단위로 판매한다)

Day 055

Twin

(two)

쌍둥이 (둘)

二 두 **이**

그는 두 개를 의미하며,
이중(二重, 두 겹), 이등(二等, 2등의) 등의
단어에서 사용된다.

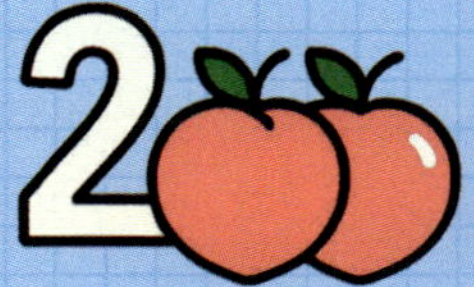

They are identical twins

(그들은 일란성 쌍둥이다)

Day 056

Triple

(three)

세 배의 (셋)

三 석 **삼**

三은 세 개를 의미하며,
삼각형(三角形, 세 개의 각을 가진 도형),
삼촌(三寸, 아버지의 형제) 등의 단어에서 사용된다.

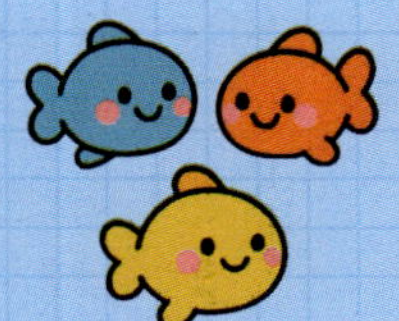

They made a triple layer cake
(그들은 세 겹으로 된 케이크를 만들었다)

Day 057

Quarter
(four)

4분의 1 (넷)

四 넉 **사**

四는 네 개를 의미하며,
사방(四方, 동서남북 네 방위), 사중(四重, 네 겹) 등의
단어에서 사용된다.

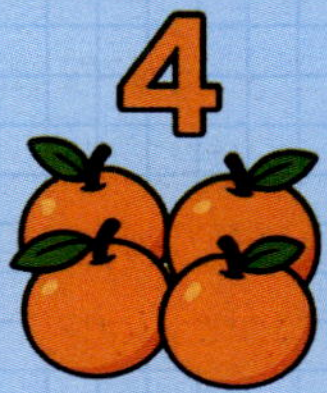

I ate a quarter of the cake
(나는 케이크의 4분의 1을 먹었어)

Day 058

Pentagon

(five)

오각형 (다섯)

五 다섯 오

五는 다섯 개를 의미하며,
오각형(五角形, 다섯 개의 변을 가진 도형),
오행(五行, 다섯 가지 원소) 등의 단어에서 사용된다.

*pentagon: 미국 국방부 청사

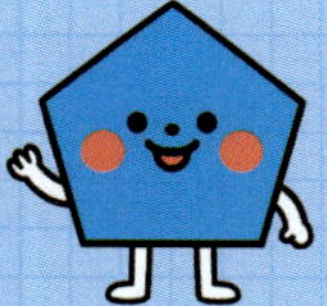

The pentagon has five sides

(오각형은 5개의 면을 가지고 있다)

六은 여섯 개를 의미하는 글자로,
육각형(六角形, 여섯 개의 각을 가진 도형), 육진(六鎮, 조선 시대 북방의
여섯 개의 군사 요새) 등의 단어에서 사용된다.
*dozen: 12개짜리 한 묶음 (12개, 한 다스)

I bought half a dozen eggs
(나는 달걀 6개를 샀다)

Day 060

Decade

(ten)

10년 (십)

十 열 **십**

十은 열 개를 의미하며,
십년(十年, 10년), 십자가(十字架, 나무를 십자모양으로 가로지른 것) 등의 단어에서 사용된다.

* 7(七), 8(八), 9(九)

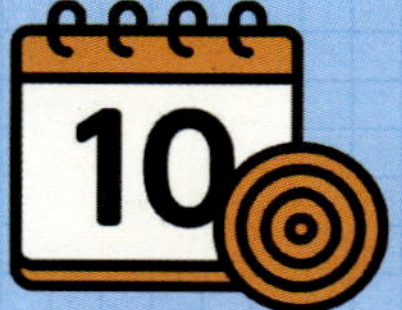

The city changed in a decade

(그 도시는 10년 만에 변했다)

60일 챌린지! 복습 타임!

영어		한자	체크
stem	root	根 (뿌리 근)	☐☐☐
grain	rice	米 (쌀 미)	☐☐☐
wheat		麥 (보리 맥)	☐☐☐
bean		豆 (콩 두)	☐☐☐
insect	bug	蟲 (벌레 충)	☐☐☐
flock	bird	鳥 (새 조)	☐☐☐
hatch	egg	卵 (알 란(난))	☐☐☐
marine	fish	魚 (물고기 어)	☐☐☐
fisherman	fishing	漁 (고기 잡을 어)	☐☐☐
foal	horse	馬 (말 마)	☐☐☐
puppy	dog	犬 (개 견)	☐☐☐
cattle	cow	牛 (소 우)	☐☐☐
horn		角 (뿔 각)	☐☐☐
unit	one	一 (하나 일)	☐☐☐
twin	two	二 (두 이)	☐☐☐
triple	three	三 (석 삼)	☐☐☐
quarter	four	四 (넉 사)	☐☐☐
pentagon	five	五 (다섯 오)	☐☐☐
half a dozen	six	六 (여섯 육)	☐☐☐
decade	ten	十 (열 십)	☐☐☐

Day 061

Eleven

열하나

十 一

열 **십** 하나 **일**

十一은 열(十)과 하나(一)를 합친 숫자로,
십일월(十一月, 11월) 등의 단어에서 사용된다.

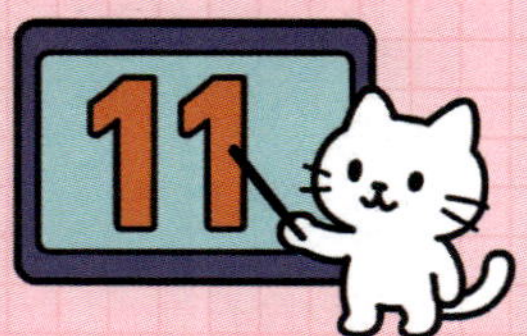

There are eleven students
(학생 열한 명이 있어요)

Day 062

Twelve

열둘

十 二

열 **십** 둘 **이**

十二는 열(十)과 둘(二)을 합친 숫자로, 십이간지(十二干支, 12가지 띠) 등의 단어에서 사용된다.

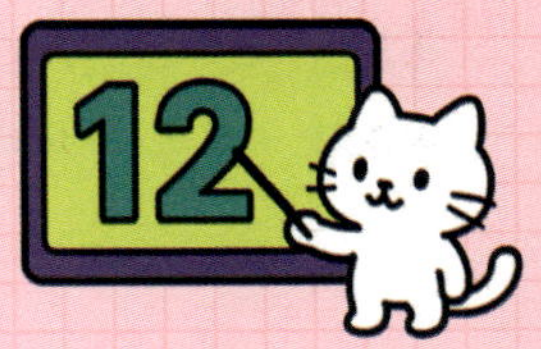

I have twelve crayons

(나는 크레용 열두 개가 있어요)

Day 063

Thirteen

열셋

十 三
열 **십** 석 **삼**

十三은 열(十)과 셋(三)을 합친 숫자로,
십삼세(十三歲, 13세) 등의 단어에서 사용된다.

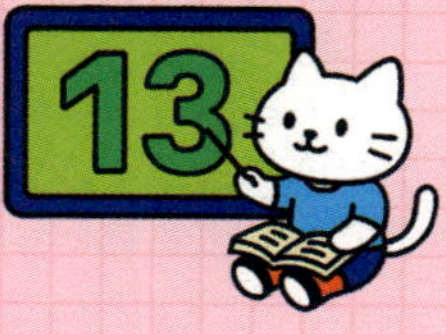

There are thirteen desks
(책상 열세 개가 있어요)

Day 064

Thirty

삼십

三	十
석 **삼**	열 **십**

三十은 삼(三)과 십(十)을 합친 숫자로, 삼십대(三十代, 30대), 삼십일일(三十一日, 31일) 등의 단어에서 사용된다.

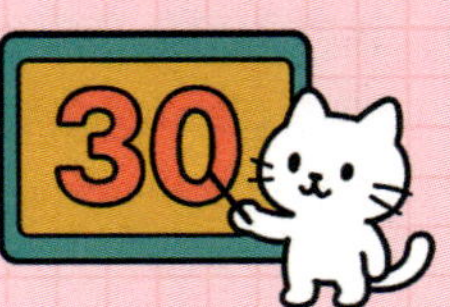

I have thirty books

(책 서른 권이 있어요)

Day 065

Hundred

백

百 일백 **백**

百은 100을 의미하며,
백년(百年, 100년), 백성(百姓, 나라의 모든 일반 국민) 등의 단어에서 사용된다.

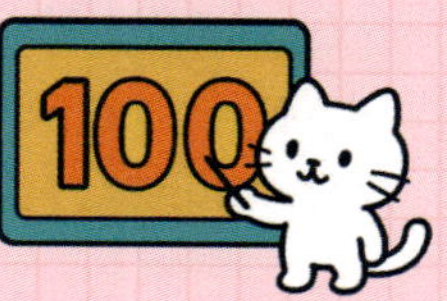

I saved one hundred dollars

(나는 백 달러를 모았어요)

Day 066

Thousand

천

千 일천 **천**

千은 1,000을 의미하며,
천년(千年, 1,000년), 천만(千萬, 10,000,000)
등의 단어에서 사용된다.

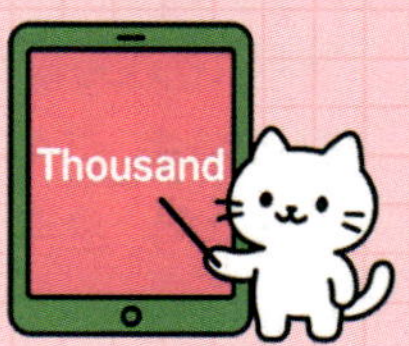

The city has one thousand people
(도시에 천 명이 살아요)

Day 067

Ten thousand

만

萬 일만 **만**

萬은 10,000을 의미하며,
만세(萬歲, 경축이나 환호의 느낌으로 외치는 말),
만물(萬物, 모든 것) 등의 단어에서 사용된다.

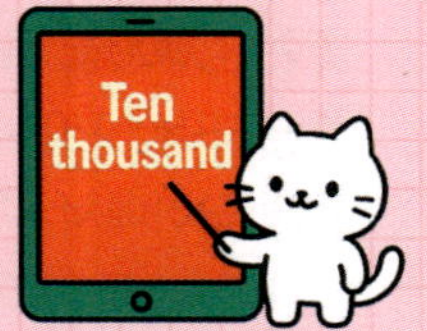

There are ten thousand stars

(별 만 개가 있어요)

Day 068

Million

백만

百	萬
일백 **백**	일만 **만**

百萬은 백(百)과 만(萬)을 합친 숫자로,
백만장자(百萬長者, 재산이 매우 많은 사람) 등의
단어에서 사용된다.

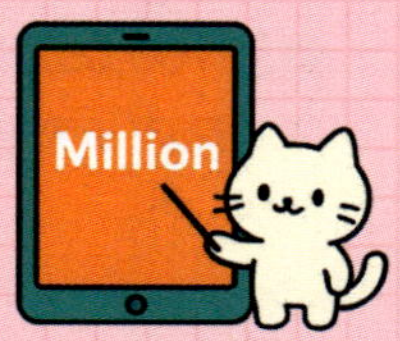

The city has one million residents
(도시에 백만 명이 살아요)

Day 069

Billion

십억

億 억 **억**

億은 100,000,000(1억)을 의미하며,
억만장자(億萬長者, 대부호) 등의 단어에서 사용된다.

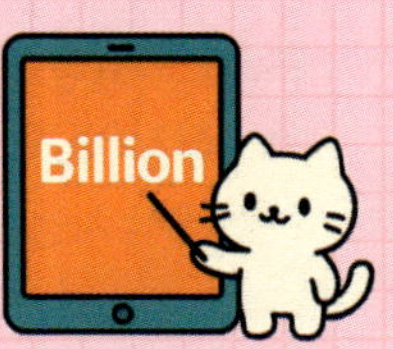

She has a billion followers
(그녀는 10억 명의 팔로워가 있다)

Day 070

Increase
(plus)

증가하다 (더하다)

加
더할 **가**

加는 더하다, 늘리다 등의 의미를 가진 글자로, 가입(加入, 단체나 모임에 들어감), 가중(加重, 무게나 부담이 더해짐) 등의 단어에서 사용된다.

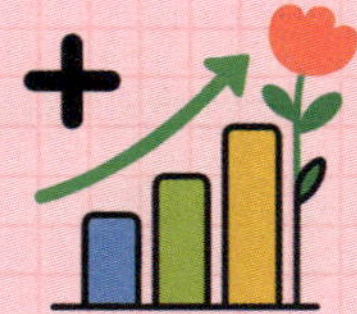

The price will increase next month
(가격이 다음 달에 오를 것이다)

Day 071

Divide

(share)

나누다 (공유하다)

分 나눌 **분**

分은 나누다, 부분, 분수 등의 의미를 가진 글자로, 부분(部分, 전체 중 일부), 분배(分配, 나누어 줌) 등의 단어에서 사용된다.

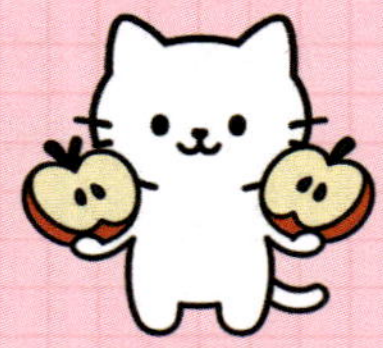

Let's divide the cake equally

(케이크를 똑같이 나누자)

Multiply
(double)

곱하다 (두 배)

倍 곱배

倍는 곱하다, 배수 등의 의미를 가진 글자로,
배가(倍加, 두 배 이상으로 증가함),
배율(倍率, 확대되는 비율) 등의 단어에서
사용된다.

The plants multiply quickly
(식물들이 빠르게 증식한다)

Rear
(back)

뒤, 뒤쪽

後 뒤 후

後는 뒤, 나중, 이후 등의 의미를 가진 글자로, 후손(後孫, 자손, 후대의 사람들), 이후(以後, 어떤 시점 보다 뒤) 등의 단어에서 사용된다.

My right rear tire was flatted
(내 오른쪽 뒷타이어가 펑크났다)

Day 074

Observe
(see)

관찰하다 (보다)

見 볼 견

見은 보다, 보이다, 나타나다 등의 의미를 가진 글자로, 견문(見聞, 보고 들은 것, 경험), 발견(發見, 새로운 것을 찾아냄) 등의 단어에서 사용된다.

We observe the stars at night
(우리는 밤에 별을 관찰한다)

Moment
(point)

순간 (지점)

點 점 점

點은 점, 찍다, 부족한 부분 등의 의미를 가진 글자로, 점수(點數, 평가 결과로 주어진 수), 점화(點火, 불을 붙임) 등의 단어에서 사용된다.

Wait a moment, please
(잠시만 기다려 주세요)

Day 076

Absent

(none)

없는, 결석한 (없다)

無 없을 **무**

無는 없다, 존재하지 않다 등의 의미를 가진 글자로,
무지(無知, 아는 것이 없음), 무한(無限, 끝이 없음)
등의 단어에서 사용된다.

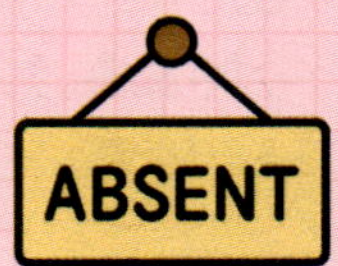

His name was absent from the list

(그의 이름은 명단에 없었다)

Day 077

Calculation

(count)

계산 (세다)

數 셀 **수**

數는 수를 세다, 숫자를 의미하는 글자로,
수학(數學, 숫자와 계산을 연구하는 학문),
소수(少數, 적은 수) 등의 단어에서 사용된다.

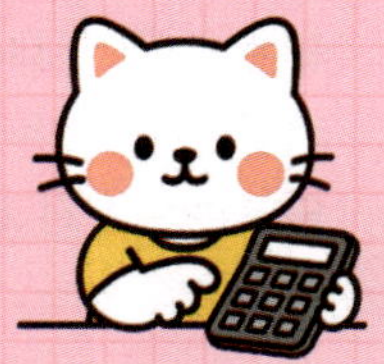

Check your calculation again

(너의 계산을 다시 확인해 봐)

Percentage
(rate)

백분율 (비율)

率 비율 률(율)

率은 비율, 인솔하다, 이끌다 등의 의미를 가진 글자로, 확률(確率, 어떤 일이 일어날 가능성), 경쟁률(競爭率, 경쟁하는 사람들 간의 비율) 등의 단어에서 사용된다.

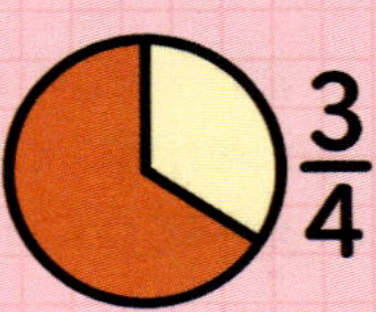

$\dfrac{3}{4}$

I'm sure about it 100%!
(난 100% 확신해!)

Day 079

Miniature

(small)

소형의 (작은)

小 작을 **소**

小는 작다, 적다를 의미하는 글자로,
소국(小國, 작은 나라), 소심(小心, 조심성이 많고
소극적임) 등의 단어에서 사용된다.

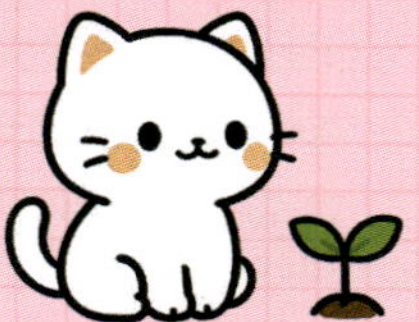

He collects miniature cars

(그는 미니어처(소형) 자동차를 수집한다)

Day 080

Section

(stage)

구역, 구분 (단계)

段 조각 **단**

段은 구분, 조각, 단계 등의 의미를 가진 글자로, 단계(段階, 차례로 나아가는 과정), 수단(手段, 어떤 일을 하기 위한 방법) 등의 단어에서 사용된다.

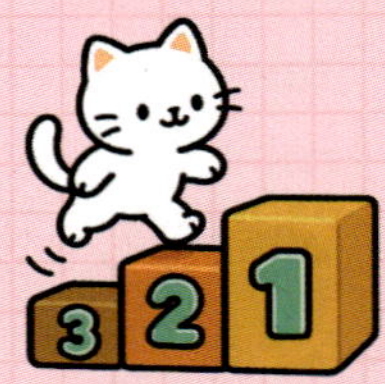

This section is closed

(이 구역은 폐쇄되었어요)

80일 챌린지! 복습 타임!

영어		한자	체크
eleven		十一 (11)	☐☐☐
twelve		十二 (12)	☐☐☐
thirteen		十三 (13)	☐☐☐
thirty		三十 (30)	☐☐☐
hundred		百 (일백 백)	☐☐☐
thousand		千 (일천 천)	☐☐☐
ten thousand		萬 (일만 만)	☐☐☐
million		百萬 (백만)	☐☐☐
billion		億 (억 억)	☐☐☐
increase	plus	加 (더할 가)	☐☐☐
divide	share	分 (나눌 분)	☐☐☐
multiply	double	倍 (곱 배)	☐☐☐
rear	back	後 (뒤 후)	☐☐☐
observe	see	見 (볼 견)	☐☐☐
moment	point	點 (점 점)	☐☐☐
absent	none	無 (없을 무)	☐☐☐
calculation	count	數 (셀 수)	☐☐☐
percentage	rate	率 (비율 률(율))	☐☐☐
miniature	small	小 (작을 소)	☐☐☐
section	stage	段 (조각 단)	☐☐☐

Day 081

Boundary

(edge)

경계 (가장자리)

限 한할 **한**

限은 한계, 제한, 경계 등의 의미를 가진 글자로, 제한(制限, 일정한 한도를 정하여 막음), 무한(無限, 끝이 없음) 등의 단어에서 사용된다.

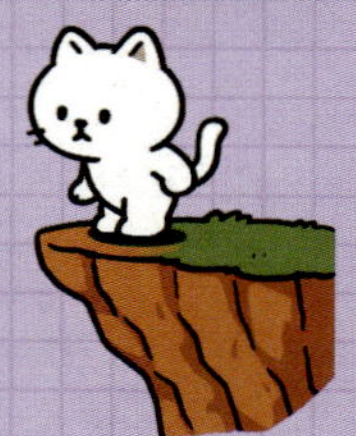

She pushed the boundaries of art

(그녀는 예술의 경계를 넓혔다)

Day 082

Individual

(person)

각각의 (사람)

人 사람 **인**

人은 사람이 두 발로 서 있는 모습을 형상화한 글자로, 인간(人間, 사람), 인류(人類, 세계의 모든 사람) 등의 단어에서 사용된다.

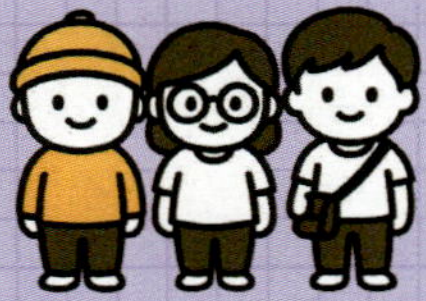

Each individual is different

(각 개인은 다르다)

Day 083

Human right
(human)

인권 (인간)

者 사람 **자**

者는 사람, 행위자, 어떤 성질을 가진 사람 등의 의미를 가진 글자로, 학자(學者, 배우는 사람), 기자(記者, 기록하는 사람) 등의 단어에서 사용된다.

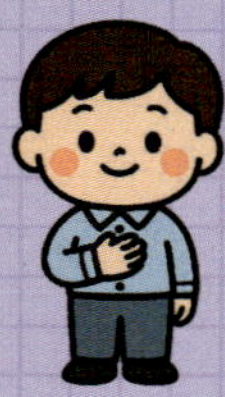

Freedom of expression is a basic human right
(표현의 자유는 기본적인 인권이다)

Day 084

Oral
(mouth)

구강의 (입)

口 입 구

口는 사람의 입 모양을 본뜬 글자로,
입구(入口, 들어가는 곳), 출구(出口, 나가는 곳)
등에서 사용된다.

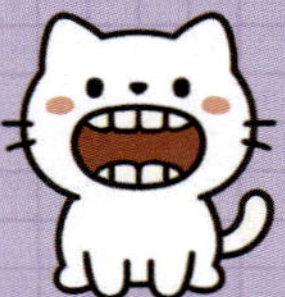

Oral health is important
(구강 건강은 중요하다)

Day 085

Optic

(eye)

시각의 (눈)

目 눈 **목**

目은 눈의 모양을 본뜬 글자로,
목표(目標, 목표를 정하다), 과목(科目, 학습이나
연구의 분야) 등의 단어에서 사용된다.

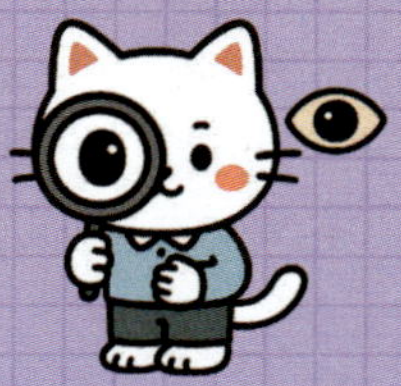

He studies optic science

(그는 시각 과학을 공부한다)

Day 086

Palm
(hand)

손바닥 (손)

手 손 **수**

手는 손의 모양을 형상화한 글자로,
수공(手工, 손으로 만든 것), 수기(手記, 글이나 글씨를 자기 손으로 직접 씀) 등의 단어에서 사용된다.

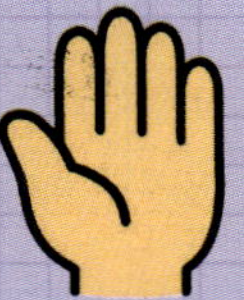

She wrote on her palm

(그녀는 손바닥에 글을 썼다)

Day 087

Heel

(foot)

발뒤꿈치 (발)

足 발 족

足은 발, 걷다, 충분하다 등의 의미를 가진 글자로, 족구(足球, 발로 하는 공놀이), 부족(不足, 충분하지 않음) 등의 단어에서 사용된다.

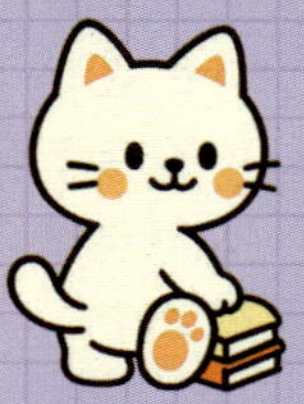

These shoes have high heels

(이 신발은 굽이 높다)

Day 088

Auditory

(ear)

청각의 (귀)

耳 귀 **이**

耳는 귀의 모양을 본뜬 글자로,
이목(耳目, 귀와 눈, 사람들의 관심이나 주목),
이비인후과(耳鼻咽喉科, 귀·코·목 관련 의학 분야) 등의
단어에서 사용된다.

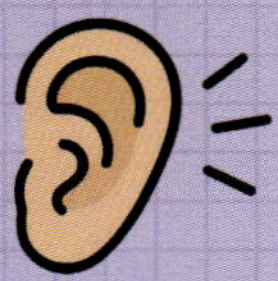

The auditory system helps us hear

(청각 시스템은 우리가 들을 수 있도록 도와준다)

Day 089

Breathe
(nose)

호흡하다 (코)

鼻 코 **비**

鼻는 코, 냄새 맡는 기관을 의미하는 글자로,
비염(鼻炎, 코의 염증), 비음(鼻音, 코로 내는 소리) 등의
단어에서 사용된다.

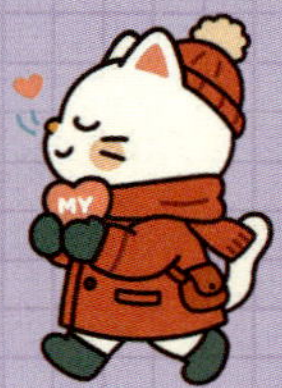

He breathed deeply before speaking
(그는 말하기 전에 숨을 깊게 들이마셨다)

Day 090

Skull
(head)

두개골 (머리)

頭 머리 **두**

頭는 우두머리나 중요한 것을 뜻하는 글자로,
두통(頭痛, 머리가 아픔), 선두(先頭, 맨 앞) 등의
단어에서 사용된다.

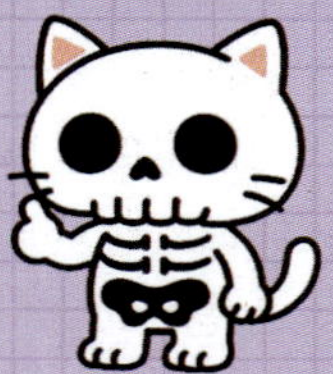

The skull protects the brain
(두개골은 뇌를 보호한다)

Day 091

Cheek

(face)

볼 (얼굴)

顔 얼굴 **안**

顔은 얼굴, 표정, 외모 등의 의미를 가진 글자로, 안색(顔色, 얼굴빛이나 기색), 용안(龍顔, 임금이나 귀한 분의 얼굴을 높여 부르는 말) 등의 단어에서 사용된다.

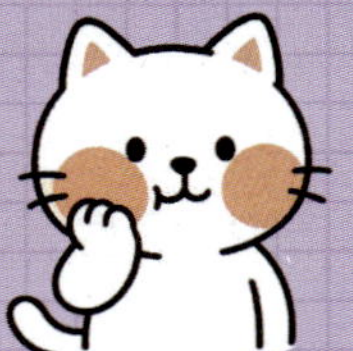

She has red cheeks

(그녀의 볼은 빨갛다)

Day 092

Appearance

외모

面 얼굴 **면**

面은 얼굴, 표면, 방향, 넓은 면적 등을 의미하는 글자로, 정면(正面, 앞쪽 방향), 대면(對面, 서로 마주 봄) 등의 단어에서 사용된다.

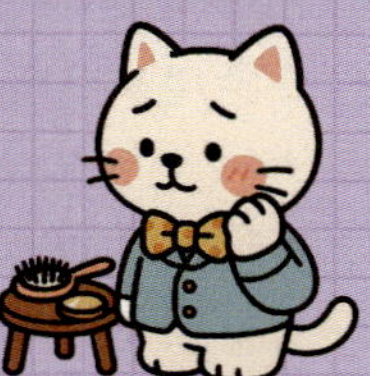

His appearance was neat and tidy

(그의 외모는 단정하고 깔끔했다)

Pulse
(heart)

맥박 (마음)

心 마음 **심**

心은 사람의 감정을 담는 심장을 본뜬 글자로 마음을 뜻한다. 중심(中心, 한가운데), 결심(決心, 결정을 내림) 등의 단어에서 사용된다.

I can feel my pulse
(나는 내 맥박을 느낄 수 있다)

Day 094

Physique

(body)

체격 (몸)

身 몸 신

身은 사람의 몸을 나타내며, 자신이나 신분의 의미로 확장된다. 신체(身體, 몸), 출신(出身, 태어난 곳) 등의 단어에서 사용된다.

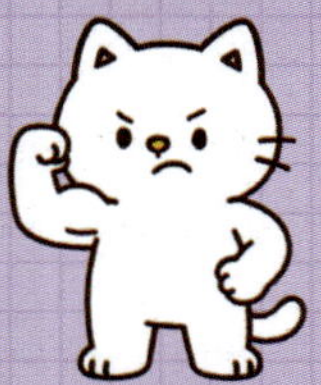

He has a strong physique

(그는 튼튼한 체격을 가지고 있다)

Day 095

Strength

(shape)

체력 (형태)

體 몸 **체**

體는 몸, 구조, 조직 등의 의미를 가진 글자로,
신체(身體, 사람의 몸), 체력(體力, 몸의 힘) 등의
단어에서 사용된다.

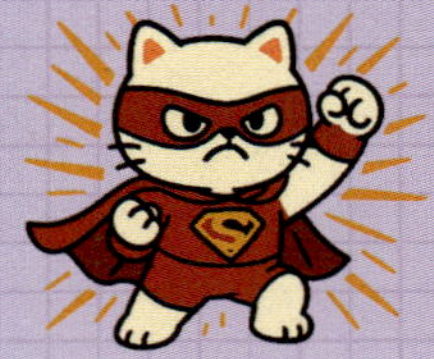

He has great physical strength
(그는 엄청난 신체적인 힘을 가지고 있다)

Day 096

Identity

(own)

정체성 (자신의)

己 자기 **기**

己는 자신, 자기 자신을 의미하는 글자로, 자기(自己, 그 사람 자신), 극기(克己, 자기 자신을 이긴다, 욕망, 감정, 충동, 나약함 등을 이겨내고 다스리는 것) 등의 단어에서 사용된다.

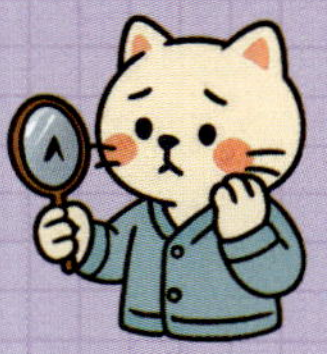

His identity remains a mystery

(그의 정체는 여전히 수수께끼다)

Day 097

Ego
(self)

자아 (자기 자신)

自 스스로 **자**

自는 자기 자신, 스스로, 자연스럽다 등의 의미를 가진 글자로, 자동(自動, 스스로 움직임), 자립(自立, 스스로 설 수 있음) 등의 단어에서 사용된다.

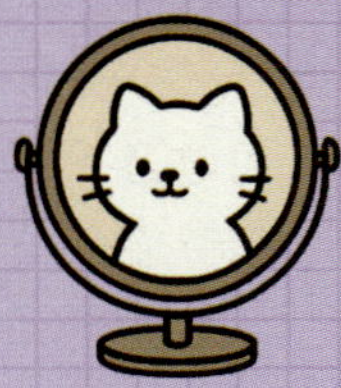

A healthy ego is important
(건강한 자아는 중요하다)

Day 098

Personal

(mine)

개인적인 (나의 것)

我 나 **아**

我는 나, 자기 자신을 의미하는 글자로,
자아(自我, 자기 자신에 대한 인식), 아집(我執,
자기중심적인 생각) 등의 단어에서 사용된다.

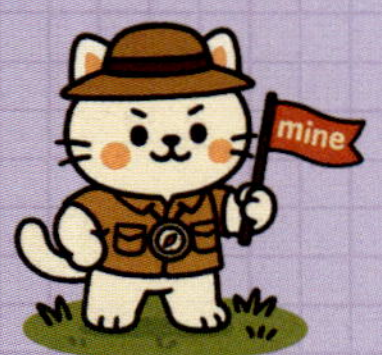

This is my personal opinion

(이것은 나의 개인적인 의견이다)

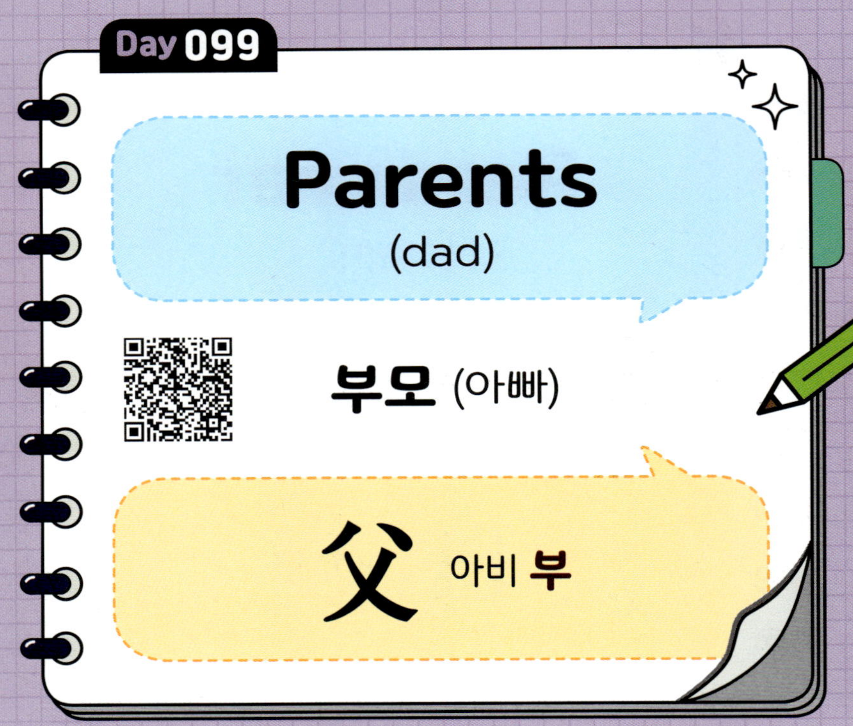

父는 아버지, 남성 어른, 지도자 등의 의미를 가진 글자로, 부모(父母, 아버지와 어머니), 조부(祖父, 할아버지) 등의 단어에서 사용된다.

*parent: 부모 중 한명(아빠 또는 엄마/단수)
*parents: 부모님(아빠와 엄마/복수/더 자주 사용됨)

My parents love me
(내 부모님은 나를 사랑하신다)

Day 100

Nurturer

(mom)

양육자 (엄마)

母 어미 **모**

母는 어머니, 여성, 근원 등의 의미를 가진 글자로, 모성(母性, 어머니의 성품이나 사랑), 모국(母國, 자신이 태어난 나라) 등의 단어에서 사용된다.

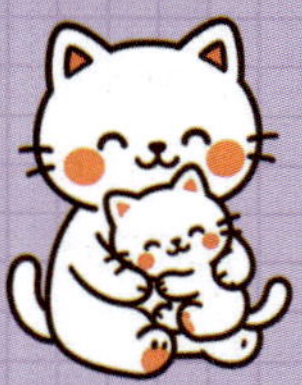

A mother is a natural nurturer

(어머니는 타고난 양육자이다)

영어		한자	체크
boundary	edge	限 (한할 한)	☐☐☐
individual	person	人 (사람 인)	☐☐☐
human right	human	者 (사람 자)	☐☐☐
oral	mouth	口 (입 구)	☐☐☐
optic	eye	目 (눈 목)	☐☐☐
palm	hand	手 (손 수)	☐☐☐
heel	foot	足 (발 족)	☐☐☐
auditory	ear	耳 (귀 이)	☐☐☐
breathe	nose	鼻 (코 비)	☐☐☐
skull	head	頭 (머리 두)	☐☐☐
cheek	face	顔 (얼굴 안)	☐☐☐
appearance		面 (얼굴 면)	☐☐☐
pulse	heart	心 (마음 심)	☐☐☐
physique	body	身 (몸 신)	☐☐☐
strength	shape	體 (몸 체)	☐☐☐
identity	own	己 (자기 기)	☐☐☐
ego	self	自 (스스로 자)	☐☐☐
personal	mine	我 (나 아)	☐☐☐
parents	dad	父 (아비 부)	☐☐☐
nurturer	mom	母 (어미 모)	☐☐☐

Day 101

Spouse
(husband)

배우자 (남편)

夫 남편 **부**

夫는 남편, 성인 남자, 어른 등의 의미를 가진 글자로, 부부(夫婦, 남편과 아내), 백부(伯父, 아버지의 형) 등의 단어에서 사용된다.

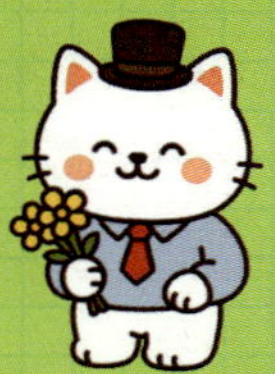

His spouse is very kind
(그의 배우자는 매우 친절하다)

Day 102

Mate
(wife)

짝 (아내)

妻 아내 **처**

妻는 아내, 부인을 의미하는 글자로,
처가(妻家, 아내의 본가), 처제(妻弟, 아내의 여동생)
등의 단어에서 사용된다.

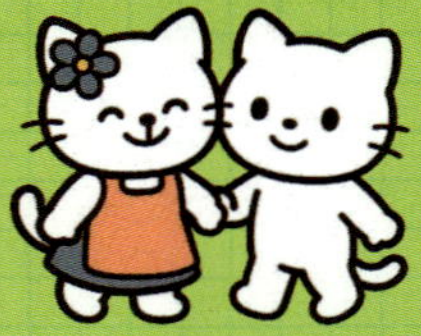

She found her perfect mate
(그녀는 완벽한 배우자를 찾았다)

Day 103

Ancestor
(grandfather)

조상 (할아버지)

祖 조상 **조**

祖는 조상, 할아버지, 선조를 의미하는 글자로, 조상(祖上, 대대로 내려온 윗세대), 조국(祖國, 조상 때부터 대대로 살던 나라) 등의 단어에서 사용된다.

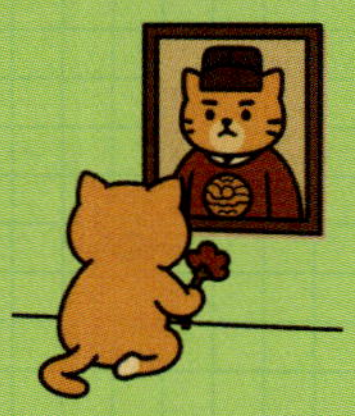

He honors his ancestors
(그는 그의 조상들을 존경한다)

Day 104

Offspring

(son)

자손 (아들)

子 아들 **자**

子는 아이, 자식, 씨앗, 존칭 등의 의미를 가진 글자로, 자녀(子女, 아들과 딸), 자손(子孫, 후손), 자식(子息, 부모가 낳은 아이) 등의 단어에서 사용된다.

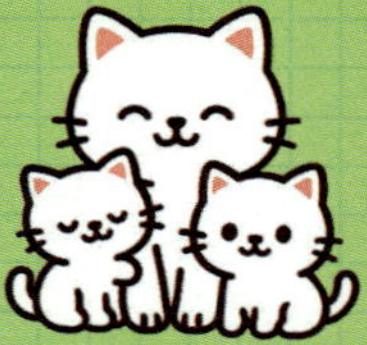

The couple had several offsprings

(그 부부는 여러 명의 자녀들을 두었다)

Day 105

Female
(daughter)

여성 (딸)

女 딸 녀(여)

女는 여성, 여자, 어머니 등의 의미를 가진 글자로, 여성(女性, 여자의 성별), 모녀(母女, 어머니와 딸) 등의 단어에서 사용된다.

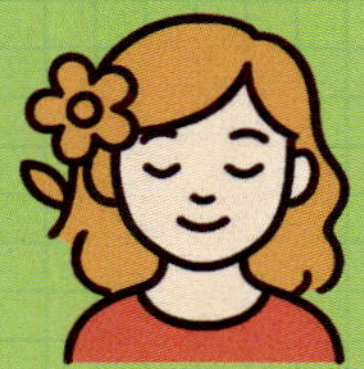

The baby is female
(그 아기는 여자아이다)

Day 106

Siblings

(brother)

형제자매 (형제)

兄 형 **형**

兄은 형, 오빠, 나이가 많은 남자 형제를 의미하는 글자로, 형제(兄弟, 형과 남동생 또는 오빠와 남동생), 의형제(義兄弟, 형제처럼 지내는 사람) 등의 단어에서 사용된다.

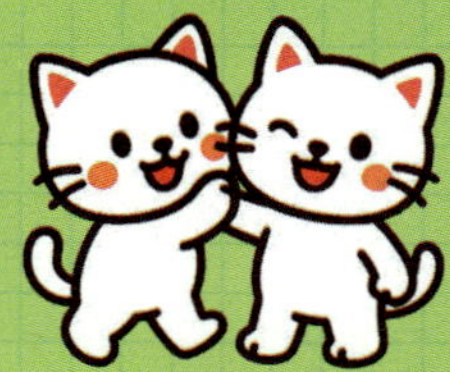

Do you have any siblings?

(너 형제자매 있니?)

Day 107

Minor

(child)

미성년자 (아이)

童 아이 **동**

童은 어린아이, 순수함 등의 의미를 가진 글자로,
동자(童子, 어린아이), 동심(童心, 아이의 순수한 마음),
동화(童話, 어린이를 위한 이야기) 등의 단어에서 사용된다.

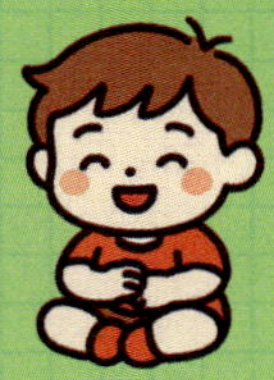

Minors cannot buy alcohol

(미성년자는 술을 살 수 없다)

Day 108

Buddy

(friend)

친구

友 벗 **우**

友는 친구, 벗, 가까운 사람 등의 의미를 가진 글자로, 우정(友情, 친구의 정), 우호(友好, 친밀하고 좋은 관계) 등의 단어에서 사용된다.

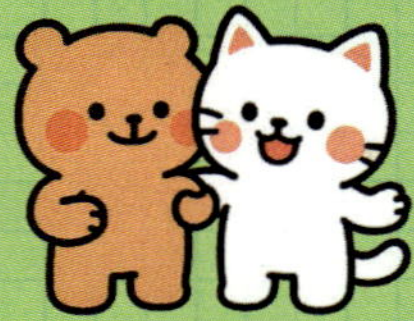

Hey buddy, how's it going?

(야 친구, 잘 지내?)

Day 109

Employee

(member)

직원 (구성원)

員 인원 **원**

員은 조직에 속한 사람, 인원 등의 의미를 가진 글자로, 사원(社員, 회사에 소속된 사람), 회원(會員, 모임이나 단체에 가입한 사람) 등의 단어에서 사용된다.

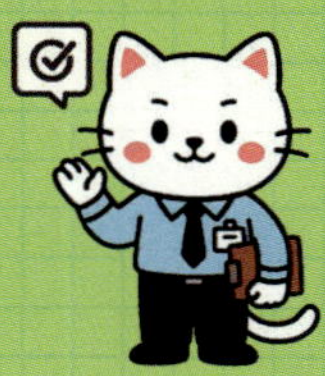

That company has 100 employees

(그 회사에는 직원 100명이 있어)

Adjacent
(near)

인접한 (가까운)

近 가까울 근

近은 가깝다, 거리나 관계가 멀지 않다 등의 의미를 가진 글자로, 접근(接近, 다가가거나 가까이 함), 근대(近代, 가까운 시대) 등의 단어에서 사용된다.

The library is adjacent to the school
(도서관은 학교에 인접해 있다)

Day 111

Mutual

(together)

상호적인 (함께)

相 서로 **상**

相은 서로, 마주 보다, 돕다 등의 의미를 가진 글자로, 상대(相對, 서로 마주함), 상사병(相思病, 서로 그리워하다가 생긴 병) 등의 단어에서 사용된다.

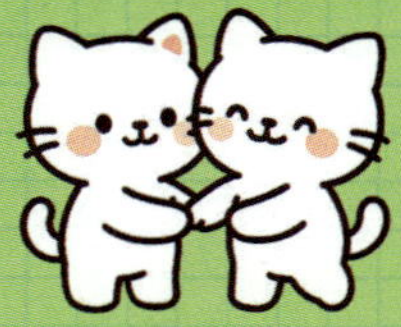

They reached a mutual agreement

(그들은 상호 합의에 도달했다)

Election
(select)

선거 (선택하다)

選 가릴 선

選은 고르다, 뽑다 등의 의미를 가진 글자로,
선수(選手, 운동 경기 등에 출전하도록 뽑힌 사람),
선출(選出, 사람을 골라 뽑음) 등의 단어에서 사용된다.

Many people voted in the election
(많은 사람들이 선거에서 투표했다)

Day 113

Combine

(pair)

결합하다 (짝)

配 짝 배

配는 짝을 이루다, 결합하다 등의 의미를 가진 글자로, 배우자(配偶者, 결혼하여 짝이 된 사람), 배합(配合, 서로 어울리게 조화롭게 맞춤) 등의 단어에서 사용된다.

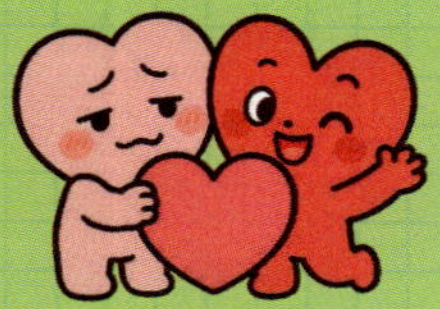

Let's combine our ideas

(우리의 아이디어를 합쳐보자)

Attractive
(pretty)

매력적인 (이쁜)

美 아름다울 미

美는 아름답다, 훌륭하다 등의 의미를 가진 글자로,
미인(美人, 아름다운 사람), 미식가(美食家, 맛있는
음식을 즐기고 잘 아는 사람) 등의 단어에서 사용된다.

She is an attractive bride
(그녀는 매력적인 신부이다)

Day 115

Affection

애정

情 뜻 정

情은 뜻, 감정, 사랑 등의 의미를 가진 글자로,
애정(愛情, 사랑하는 마음), 우정(友情, 친구 사이의 정)
등의 단어에서 사용된다.

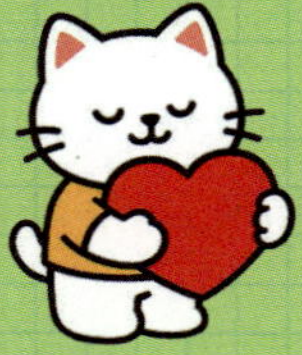

Their friendship is full of affection
(그들의 우정은 애정이 가득하다)

Cherish
(love)

소중히 여기다 (사랑)

愛 사랑 **애**

愛는 사랑하다, 귀중히 여기다 등의 의미를 가진 글자로, 애정(愛情, 사랑하는 마음), 애국(愛國, 나라를 사랑함) 등의 단어에서 사용된다.

We should cherish our friendship
(우리는 우리의 우정을 소중히 해야 해)

Connect
(tie)

연결하다 (묶다)

結 맺을 **결**

結은 맺다, 묶다, 연결하다 등의 의미를 가진 글자로, 결혼(結婚, 부부로 맺어짐), 결과(結果, 어떤 일이 맺어진 것), 연결(連結, 이어서 묶음) 등의 단어에서 사용된다.

I can't connect to Wi-Fi
(나는 와이파이에 연결할 수 없어)

Alliance
(join)

동맹 (함께하다)

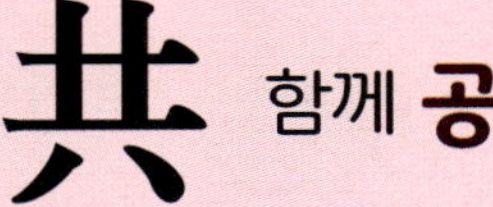

共 함께 공

共은 함께하다, 공유하다 등의 의미를 가진 글자로, 공동(共同, 함께 행동함), 공유(共有, 함께 나눔) 등의 단어에서 사용된다.

Our alliance is strong
(우리의 동맹은 강하다)

Day 119

Union

(marriage)

결합하다 (결혼)

婚 혼인할 **혼**

婚은 결혼하다, 혼인을 맺다 등의 의미를 가진 글자로, 결혼(結婚, 남녀가 부부가 됨), 신혼(新婚, 결혼한 지 얼마 안 된 상태) 등의 단어에서 사용된다.

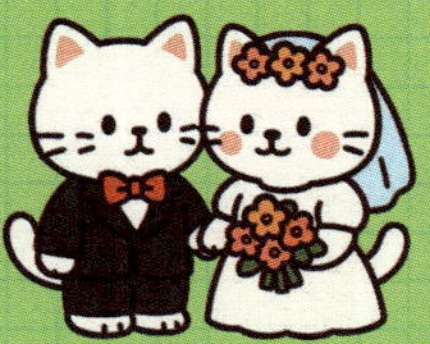

Marriage is the union of two hearts

(결혼은 두 마음의 결합이다)

Decide
(settle)

결정하다 (해결하다)

決　결단할 **결**

決은 결정하다, 결심하다, 해결하다 등의 의미를 가진 글자로, 결정(決定, 확실하게 정함), 결심(決心, 마음을 굳게 정함) 등의 단어에서 사용된다.

They will decide soon
(그들은 곧 결정을 내릴 것이다)

영어		한자	체크
spouse	husband	夫 (남편 부)	☐☐☐
mate	wife	妻 (아내 처)	☐☐☐
ancestor	grandfather	祖 (조상 조)	☐☐☐
offspring	son	子 (아들 자)	☐☐☐
female	daughter	女 (딸 녀(여))	☐☐☐
siblings	brother	兄 (형 형)	☐☐☐
minor	child	童 (아이 동)	☐☐☐
buddy	friend	友 (벗 우)	☐☐☐
employee	member	員 (인원 원)	☐☐☐
adjacent	near	近 (가까울 근)	☐☐☐
mutual	together	相 (서로 상)	☐☐☐
election	select	選 (가릴 선)	☐☐☐
combine	pair	配 (짝 배)	☐☐☐
attractive	pretty	美 (아름다울 미)	☐☐☐
affection		情 (뜻 정)	☐☐☐
cherish	love	愛 (사랑 애)	☐☐☐
connect	tie	結 (맺을 결)	☐☐☐
alliance	join	共 (함께 공)	☐☐☐
union	marriage	婚 (혼인할 혼)	☐☐☐
decide	settle	決 (결단할 결)	☐☐☐

Day 121

Swear

(promise)

맹세하다 (약속)

誓 맹세할 **서**

誓는 맹세하다, 굳게 약속하다 등의 의미를 가진 글자로, 서약(誓約, 굳게 약속함), 선서(宣誓, 많은 사람 앞에서 다짐을 말로 표현) 등의 단어에서 사용된다.

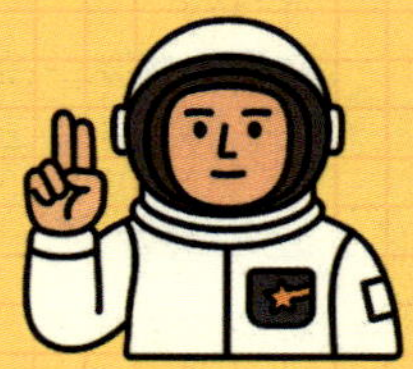

I swear to tell the truth

(나는 진실을 말할 것을 맹세합니다)

Essential
(must)

필수적인 (~해야 한다)

必 반드시 **필**

必은 반드시, 꼭 등의 의미를 가진 글자로,
필요(必要, 꼭 있어야 함), 필연(必然, 반드시 그렇게
될 수밖에 없음) 등의 단어에서 사용된다.

Water is essential for life
(물은 생명에 필수적이다)

Day 123

Loyalty

충성

忠 충성 **충**

忠은 충성하다, 진심으로 섬기다 등의 의미를 가진 글자로, 충성(忠誠, 진심으로 섬김), 충신(忠臣, 충성스러운 신하) 등의 단어에서 사용된다.

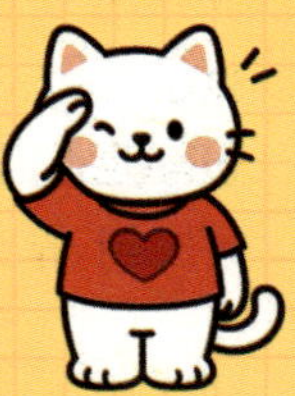

Loyalty is earned, not demanded

(충성은 요구하는 것이 아니라 얻는 것이다)

Day 124

Belief

(trust)

믿음 (신뢰)

信 믿을 **신**

信은 믿다, 신뢰하다 등의 의미를 가진 글자로, 신용(信用, 믿을 만한 가치나 능력), 신념(信念, 굳게 믿는 마음) 등의 단어에서 사용된다.

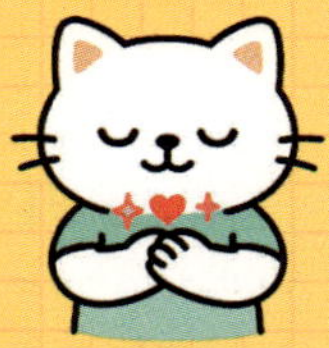

His belief in justice is strong

(그의 정의에 대한 믿음은 강하다)

Morality

도덕성

義 옳을 **의**

義는 옳다, 바르다, 정의롭다 등의 의미를 가진 글자로, 정의(正義, 올바르고 공정한 도리), 의무(義務, 마땅히 해야 할 일) 등의 단어에서 사용된다.

Morality is important in society
(도덕성은 사회에서 중요하다)

Day 126

Emperor

(king)

황제 (왕)

王 임금 **왕**

王은 나라를 다스리는 왕을 의미하며,
왕국(王國, 왕이 다스리는 나라), 제왕(帝王, 강력한
지도자) 등의 단어에서 사용된다.

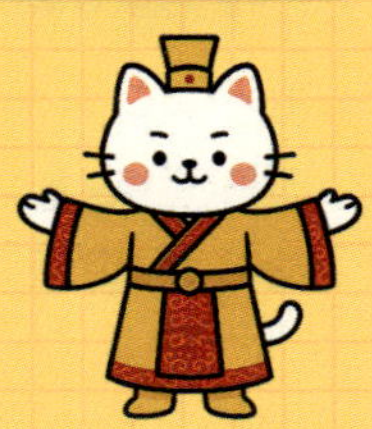

Japan still has an emperor today

(일본에는 지금도 황제가 있다)

Day 127

Ruler
(owner)

지배자 (주인)

主 임금 **주**

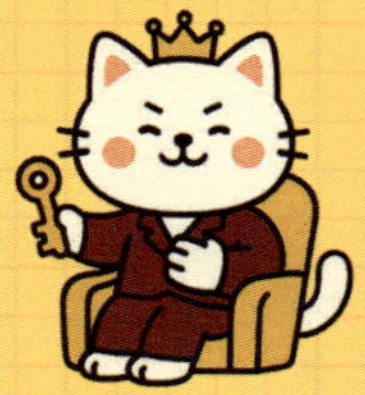

主는 주인이나 중심이 되는 사람, 또는 임금을 의미하는 글자로, 주인(主人, 어떤 것의 소유자), 주군(主君, 임금 또는 윗사람) 등에서 사용된다.

The king was a wise ruler
(그 왕은 현명한 통치자였다)

Day 128

Majesty

폐하

帝 임금 **제**

帝는 임금, 황제, 통치자 등의 의미를 가진 글자로,
황제(皇帝, 나라를 다스리는 최고 통치자), 제국(帝國,
황제가 다스리는 나라) 등의 단어에서 사용된다.

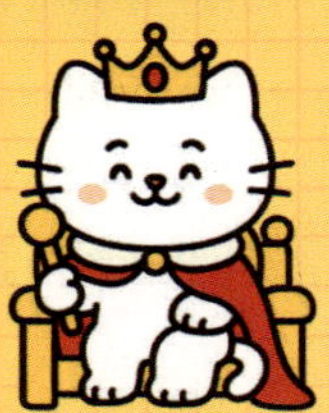

We pledge loyalty to Your Majesty

(우리는 폐하께 충성을 맹세합니다)

Dynasty

왕조

朝 아침(왕조) **조**

朝는 아침, 왕조 등의 의미를 가진 글자로,
조식(朝食, 아침 식사), 조선(朝鮮, 1392년 이성계가
세운 나라) 등의 단어에서 사용된다.

The dynasty lasted for 500 years
(그 왕조는 500년 동안 지속되었다)

Day 130

Achieve

(attain)

성취하다 (이루다)

成 이룰 **성**

成은 이루다, 완성하다 등의 의미를 가진 글자로, 성공(成功, 목표를 이루는 것), 성장(成長, 자라면서 발전함) 등의 단어에서 사용된다.

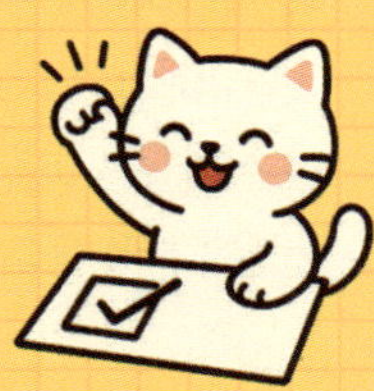

He finally achieved success

(그는 마침내 성공을 이뤘다)

Day 131

Govern

(control)

다스리다 (다루다)

理 다스릴 **리(이)**

理은 이치, 다스리다 등의 의미를 가진 글자로,
이론(理論, 사물의 이치를 밝힌 체계적인 지식),
관리(管理, 조직이나 사물을 정리하고 다스림) 등의
단어에서 사용된다.

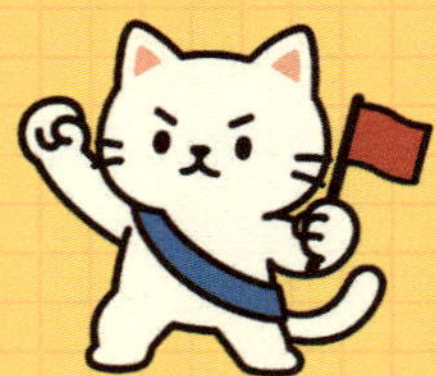

Laws govern human behavior

(법은 인간의 행동을 다스리다)

Construct
(build)

건설하다

設　베풀(세울) 설

設은 베풀다, 세우다 등의 의미를 가진 글자로, 설정(設定, 문제나 주제 등을 내어 걺), 건설(建設, 건물을 세움) 등의 단어에서 사용된다.

The company constructs houses
(그 회사는 집을 건설한다)

Day 133

Servant

하인, 섬기는 자

臣 신하 **신**

臣은 신하, 아랫사람 등의 의미를 가진 글자로,
신하(臣下, 왕을 섬기는 사람), 충신(忠臣, 충성스러운
신하) 등의 단어에서 사용된다.

The kings servant remained loyal
(왕의 신하는 끝까지 충성을 지켰다)

Day 134

Worship

(honor)

숭배하다 (공경)

敬 공경할 **경**

敬은 공경하다, 예의를 갖추다 등의 의미를 가진 글자로, 경의(敬意, 존경하는 뜻), 존경(尊敬, 높이 받들어 공경함) 등의 단어에서 사용된다.

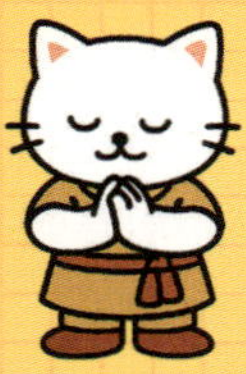

They worship the king as a god

(그들은 왕을 신처럼 숭배한다)

Dedicate
(serve)

헌신하다 (받들다)

奉 받들 **봉**

奉은 받들다, 바치다 등의 의미를 가진 글자로, 봉사(奉仕, 남을 위해 헌신함), 봉직(奉職, 공직에 종사함) 등의 단어에서 사용된다.

I dedicate this song to you
(나는 이 노래를 너에게 바친다)

Day 136

Official

공무원, 관리

官 벼슬 **관**

官은 벼슬, 정부 기관, 공무원 등의 의미를 가진 글자로, 관군(官軍, 정부의 군대, 관에서 파견한 군사), 장관(長官, 높은 직위의 관리) 등의 단어에서 사용된다.

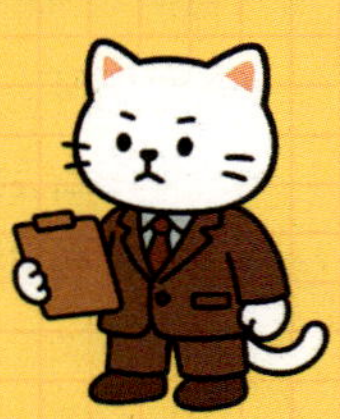

He is a government official

(그는 정부 공무원이다)

Day 137

Warrior
(soldier)

전사 (병사)

兵 병사 **병**

兵은 병사, 군대, 전쟁 등의 의미를 가진 글자로,
병사(兵士, 군인), 병력(兵力, 군사적 힘), 병법(兵法, 전쟁 전략) 등의 단어에서 사용된다.

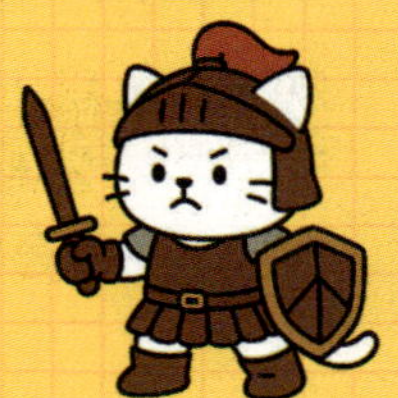

Warriors protect their land
(전사들은 그들의 땅을 보호한다)

General

장군

將 장수 **장**

將은 장수, 이끌다, 앞장서다 등의 의미를 가진 글자로, 장군(將軍, 군대를 지휘하는 사람), 대장(大將, 높은 계급의 장수) 등의 단어에서 사용된다.

The general led his army to victory
(장군은 자신의 군을 승리로 이끌었다)

Day 139

Military

(army)

군대

軍 군사 군

軍은 군대, 무장된 조직 등의 의미를 가진 글자로,
군사(軍事, 전쟁과 관련된 일), 군대(軍隊, 군인의 집단)
등의 단어에서 사용된다.

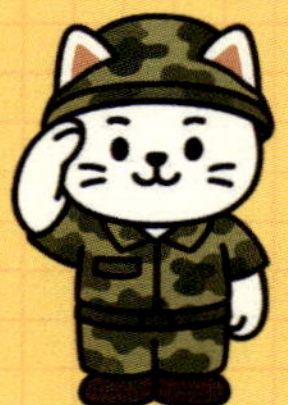

My uncle is in the military

(우리 삼촌은 군대에 있다)

Day 140

Battle

(war)

전투 (전쟁)

戰 싸울 **전**

戰은 싸우다, 전쟁, 전투 등의 의미를 가진 글자로, 전쟁(戰爭, 나라와 나라 간의 싸움), 전략(戰略, 전쟁을 수행하는 방법) 등의 단어에서 사용된다.

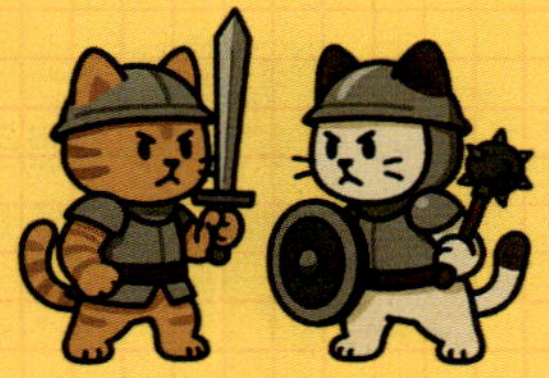

The battle was long and hard

(전투는 길고 힘들었다)

140일 챌린지! 복습 타임!

영어		한자	체크
swear	promise	誓 (맹세할 서)	☐☐☐
essential	must	必 (반드시 필)	☐☐☐
	loyalty	忠 (충성 충)	☐☐☐
belief	trust	信 (믿을 신)	☐☐☐
	morality	義 (옳을 의)	☐☐☐
emperor	king	王 (임금 왕)	☐☐☐
ruler	owner	主 (임금 주)	☐☐☐
	majesty	帝 (임금 제)	☐☐☐
	dynasty	朝 (아침(왕조) 조)	☐☐☐
achieve	attain	成 (이룰 성)	☐☐☐
govern	control	理 (다스릴 리(이))	☐☐☐
construct	build	設 (베풀(세울) 설)	☐☐☐
	servant	臣 (신하 신)	☐☐☐
worship	honor	敬 (공경할 경)	☐☐☐
dedicate	serve	奉 (받들 봉)	☐☐☐
	official	官 (벼슬 관)	☐☐☐
warrior	soldier	兵 (병사 병)	☐☐☐
	general	將 (장수 장)	☐☐☐
military	army	軍 (군사 군)	☐☐☐
battle	war	戰 (싸울 전)	☐☐☐

Day 141

Conflict

(fight)

갈등 (싸움)

鬪 싸울 **투**

鬪는 싸우다, 경쟁하다 등의 의미를 가진 글자로, 전투(戰鬪, 군대 간의 싸움), 투쟁(鬪爭, 어떤 대상을 이기거나 극복하기 위한 싸움) 등의 단어에서 사용된다.

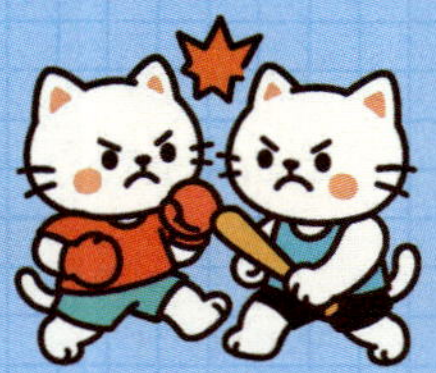

The conflict lasted for years

(갈등은 몇 년 동안 지속되었다)

Day 142

Weapon

무기

武 호반(무기) **무**

武는 무기, 무력 등의 의미를 가진 글자로, 무인(武人, 군인이나 무예를 익힌 사람) 등의 단어에서 사용된다.

*호반: 군인의 신분으로 군사 일을 맡아보던 관리

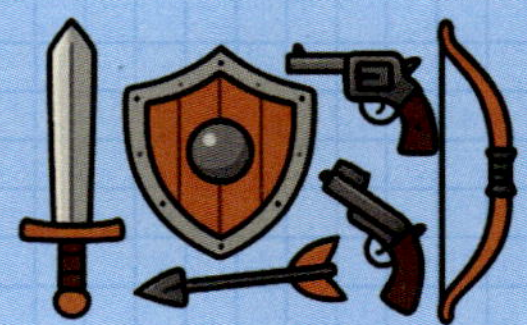

She has a secret weapon

(그녀는 비밀 무기를 가지고 있다)

Day 143

Sword

(knife)

검 (칼)

刀 칼 **도**

刀는 칼, 베다, 무기 등의 의미를 가진 글자로,
도검(刀劍, 칼과 검), 식도(食刀, 음식을 자르는 칼),
단도(短刀, 짧은 칼) 등의 단어에서 사용된다.

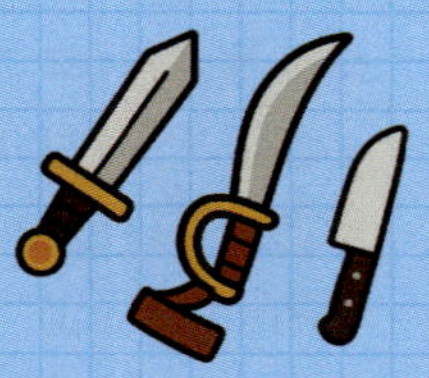

The knight carried a sharp sword

(기사는 날카로운 검을 들고 있었다)

Day 144

Adversary

(enemy)

경쟁 상대 (적)

敵 대적할 **적**

敵은 적, 맞서 싸우다 등의 의미를 가진 글자로, 적군(敵軍, 상대편의 군대), 적수(敵手, 재주나 힘이 서로 비슷해서 상대가 되는 사람) 등의 단어에서 사용된다.

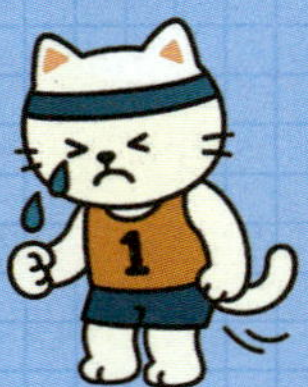

The adversary tried to attack

(적은 공격하려 했다)

Day 145

Famous

(name)

유명한 (이름)

名 이름 **명**

名은 이름, 명성, 평판 등의 의미를 가진 글자로, 성명(姓名, 사람의 이름), 명예(名譽, 훌륭하다고 인정되는 이름이나 자랑), 유명(有名, 세상에 이름이 널리 알려짐) 등의 단어에서 사용된다.

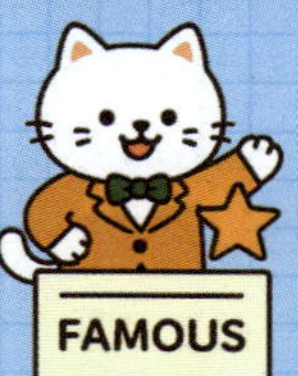

The famous player met his adversary

(유명한 선수는 그의 적을 만났다)

Day 146

Republic
(country)

공화국 (나라)

國 나라 국

國은 나라, 국가, 영토 등의 의미를 가진 글자로, 국가(國家, 한 나라), 외국(外國, 다른 나라) 등의 단어에서 사용된다.

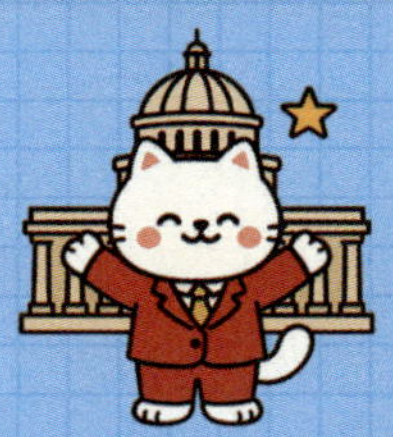

The United States is a republic
(미국은 공화국이다)

Day 147

Diplomacy

외교

外 바깥 **외**

外는 바깥, 외부, 다른 나라 등의 의미를 가진 글자로, 외부(外部, 안이 아닌 곳), 외교(外交, 다른 나라와 하는 교제) 등의 단어에서 사용된다.

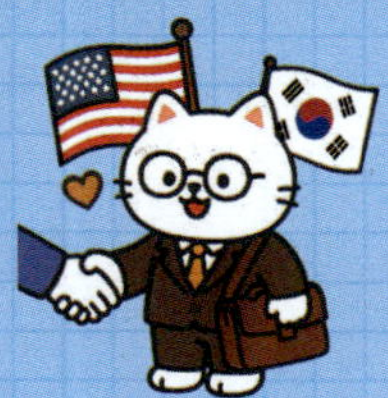

She studied diplomacy in college

(그녀는 대학에서 외교학을 공부했다)

Day 148

Administration

(politics)

행정 (정치)

政 다스릴 **정**

政은 정치, 다스리다 등의 의미를 가진 글자로, 정치(政治, 나라를 다스리는 일), 정부(政府, 국가를 운영하는 조직) 등의 단어에서 사용된다.

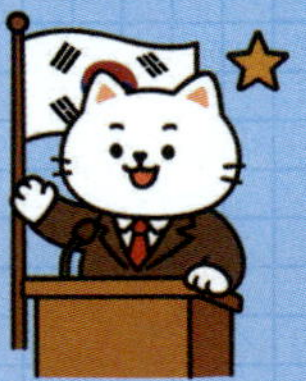

She works in administration

(그녀는 행정 업무에 종사한다)

Day 149

Constitution

헌법

憲 법 **헌**

憲은 법, 헌법, 규범 등의 의미를 가진 글자로,
헌정(憲政, 헌법에 따른 정치), 헌재(憲裁, 헌법재판소)
등의 단어에서 사용된다.

They wrote a new constitution
(그들은 새로운 헌법을 작성했다)

Day 150

Legislation

(law)

입법 (법)

法 법 **법**

法은 법, 규칙, 질서 등의 의미를 가진 글자로,
헌법(憲法, 국가의 기본법), 사법(司法, 법의 진행)
등의 단어에서 사용된다.

New legislation was passed

(새로운 법이 통과되었다)

Day 151

Statute

법령, 법규

律 법칙 률(율)

律은 법률, 규율, 규칙 등의 의미를 가진 글자로,
법률(法律, 국가의 법), 율법(律法, 종교적·도덕적 규율),
규율(規律, 정해진 법칙과 질서) 등의 단어에서 사용된다.

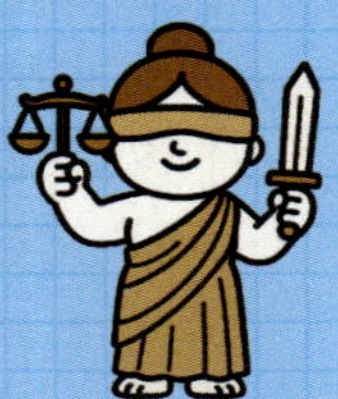

They violated a statute
(그들은 법규를 위반했다)

Day 152

Regulation

규정

規 법 규

規는 규칙, 법, 모범 등의 의미를 가진 글자로,
규칙(規則, 정해진 법도), 법규(法規, 법적인 규정) 등의
단어에서 사용된다.

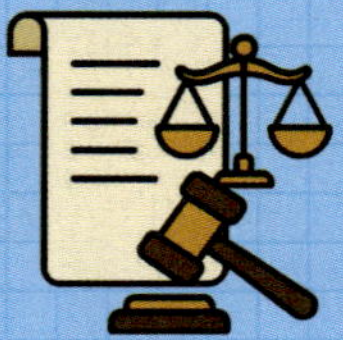

We must follow the regulations

(우리는 규칙을 따라야 한다)

Day 153

Survey
(monitor)

조사하다 (관찰하다)

察 살필 **찰**

察은 살피다, 조사하다 등의 의미를 가진 글자로, 관찰(觀察, 자세히 살펴봄), 경찰(警察, 사회 질서를 유지하고 법을 집행하는 기관) 등의 단어에서 사용된다.

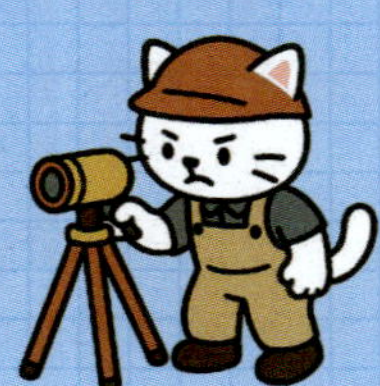

We surveyed the area
(우리는 그 지역을 조사했다)

Day 154

Lawsuit

소송

訴 호소할 **소**

訴는 호소하다, 소송하다 등의 의미를 가진 글자로, 고소(告訴, 범죄 사실을 수사 기관에 신고하여 범인의 기소를 요구하는 일), 소송(訴訟, 법원에 해결을 요청함) 등의 단어에서 사용된다.

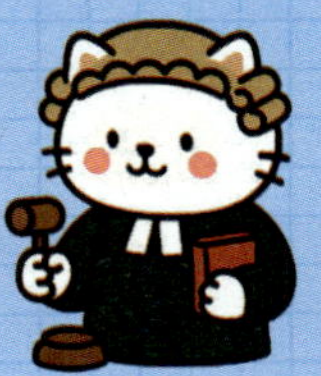

The lawsuit was successful

(그 소송은 성공했다)

Day 155

Dispute

(defense)

논쟁하다 (변호)

辯 말씀 **변**

辯은 말로 설명하다, 변호하다 등의 의미를 가진 글자로, 변론(辯論, 논리적으로 말하여 설명함), 변호(辯護, 남의 이익을 위하여 감싸서 도와줌) 등의 단어에서 사용된다.

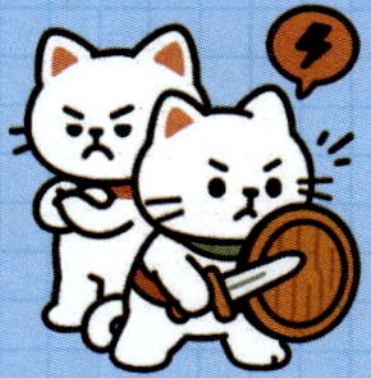

I don't want to dispute your opinion

(나는 네 의견에 반박하고 싶지 않아)

Day 156

Prohibition

(ban)

금지된 (금지)

禁 금할 **금**

禁은 금지하다, 제한하다 등의 의미를 가진 글자로, 금지(禁止, 어떤 행위를 하지 못하게 막음), 금주(禁酒, 술을 마시는 것을 금함) 등의 단어에서 사용된다.

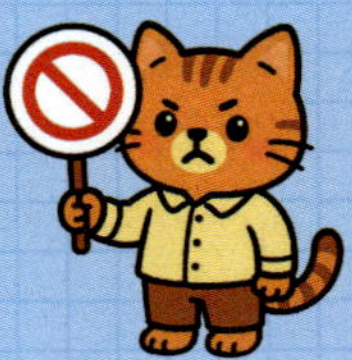

There is a prohibition on smoking

(흡연이 금지되어 있다)

Day 157

Invalid

(illegal)

무효한 (불법)

不 아닐 **불(부)**

不은 아니다, 부정하다 등의 의미를 가진 글자로, 불법(不法, 법에 어긋남), 부정(不正, 올바르지 않음) 등의 단어에서 사용된다.

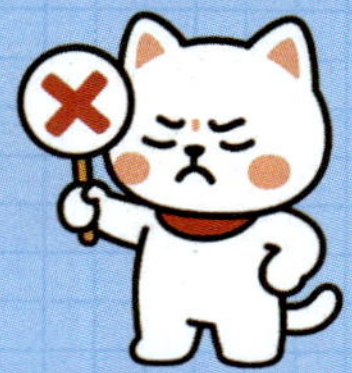

Your ticket is invalid for this event

(당신의 티켓은 이 행사에서 유효하지 않습니다)

Day 158

Detective

(police)

형사 (경찰)

警 경계할 **경**

警은 경계를 의미하며,
경고(警告, 주의를 주는 것), 경계(警戒, 조심하고 대비하는 것) 등의 단어에서 사용된다.

She wants to be a detective

(그녀는 형사가 되고 싶어 한다)

Day 159

Protection

보호

保 지킬 **보**

保는 지키다, 보호하다 등의 의미를 가진 글자로, 보호(保護, 안전하게 지킴), 보장(保障, 책임지고 지킴), 보존(保存, 잘 유지하며 간직함) 등의 단어에서 사용된다.

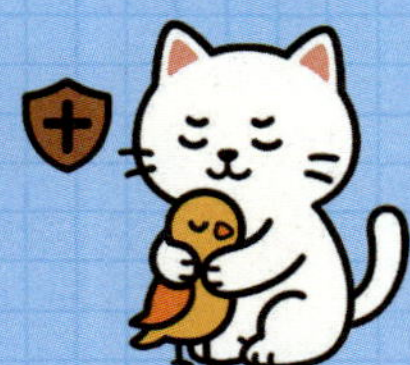

We need more protection

(우리는 더 많은 보호가 필요해)

Day 160

Conform

(unite)

따르다 (결속하다)

合 합할 **합**

습은 합치다, 어울리다 등의 의미를 가진 글자로, 조합(組合, 여러 가지를 합함), 통합(統合, 하나로 합침) 등의 단어에서 사용된다.

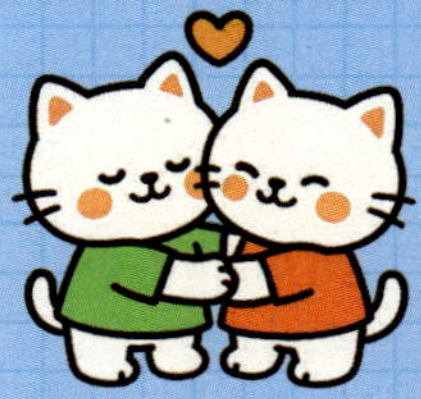

You must conform to the rules

(너는 규칙을 따라야 한다)

영어		한자	체크
conflict	fight	鬪 (싸울 투)	☐☐☐
weapon		武 (호반(무기) 무)	☐☐☐
sword	knife	刀 (칼 도)	☐☐☐
adversary	enemy	敵 (대적할 적)	☐☐☐
famous	name	名 (이름 명)	☐☐☐
republic	country	國 (나라 국)	☐☐☐
diplomacy		外 (바깥 외)	☐☐☐
administration	politics	政 (다스릴 정)	☐☐☐
constitution		憲 (법 헌)	☐☐☐
legislation	law	法 (법 법)	☐☐☐
statute		律 (법칙 률(율))	☐☐☐
regulation		規 (법 규)	☐☐☐
survey	monitor	察 (살필 찰)	☐☐☐
lawsuit		訴 (호소할 소)	☐☐☐
dispute	defense	辯 (말씀 변)	☐☐☐
prohibition	ban	禁 (금할 금)	☐☐☐
invalid	illegal	不 (아닐 불(부))	☐☐☐
detective	police	警 (경계할 경)	☐☐☐
protection		保 (지킬 보)	☐☐☐
conform	unite	合 (합할 합)	☐☐☐

Day 161

Conviction

(trial)

유죄판결 (재판)

裁 마를 **재**

裁는 (옷을) 마르다, 짓다, 결단하다 등의 의미를 가진 글자로, 재판(裁判, 법적으로 판단함), 제재(制裁, 규제하여 제한함) 등의 단어에서 사용된다.

The court reached a conviction

(법원은 유죄 판결을 내렸다)

Day 162

Judgment

판결, 판단

判 판단할 **판**

判은 판단하다, 결정하다 등의 의미를 가진 글자로, 판결(判決, 법원의 결정), 판사(判事, 법정에서 재판을 진행하는 사람) 등의 단어에서 사용된다.

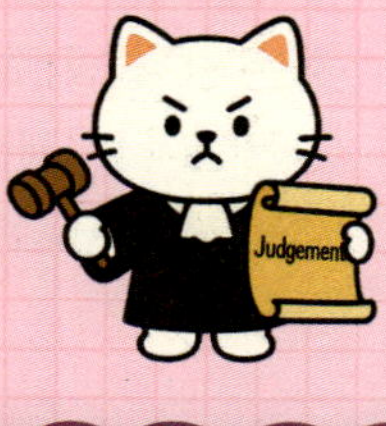

Trust your own judgment

(너 자신의 판단을 믿어라)

Day 163

Evidence

증거

證 증거 **증**

證은 증명하다, 입증하다 등의 의미를 가진 글자로, 증거(證據, 사실을 증명하는 근거), 증명(證明, 사실임을 밝힘) 등의 단어에서 사용된다.

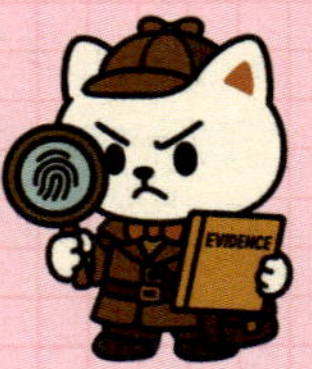

Do you have any evidence?

(너는 어떤 증거를 가지고 있니?)

Day 164

Proper

(fair)

적절한 (공평한)

正 바를 **정**

正은 바르다, 올바르다 등의 의미를 가진 글자로, 정직(正直, 올바르고 거짓이 없음), 정의(正義, 올바른 도리) 등의 단어에서 사용된다.

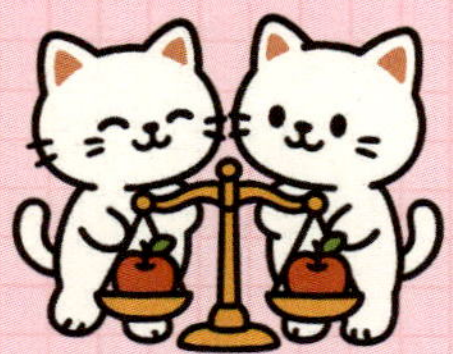

Wear proper clothes

(적절한 옷을 입어라)

Day 165

Violation

(crime)

위반 (범죄)

犯 범할 **범**

犯은 어기다, 죄를 짓다 등의 의미를 가진 글자로, 범죄(犯罪, 죄를 저지름), 범인(犯人, 범죄를 저지른 사람) 등의 단어에서 사용된다.

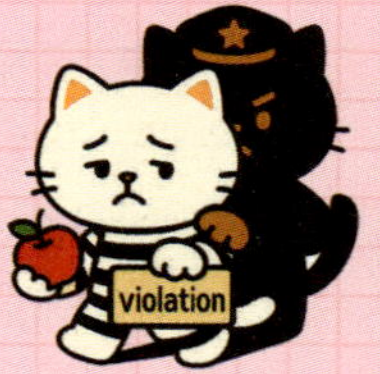

Speeding is a traffic violation

(과속은 교통법 위반이다)

Day 166

Punishment

처벌

刑 형벌 **형**

刑은 형벌, 법에 따른 징벌 등의 의미를 가진 글자로, 형법(刑法, 범죄와 처벌을 규정하는 법), 사형(死刑, 사망에 처하는 형벌) 등의 단어에서 사용된다.

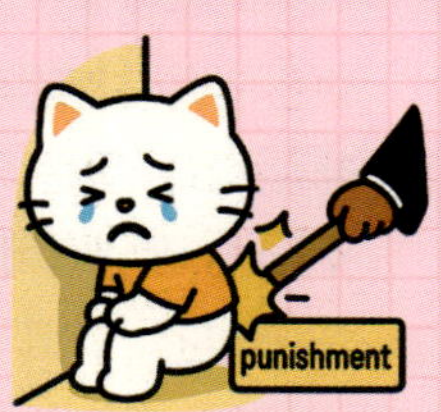

That's a harsh punishment
(그것은 가혹한 처벌이다)

Day 167

Responsibility

책임

責 꾸짖을 **책**

責은 책임, 꾸짖다, 의무 등의 의미를 가진 글자로, 책임(責任, 맡은 일에 대한 의무), 책망(責望, 잘못을 꾸짖음), 면책(免責, 책임을 면제함) 등의 단어에서 사용된다.

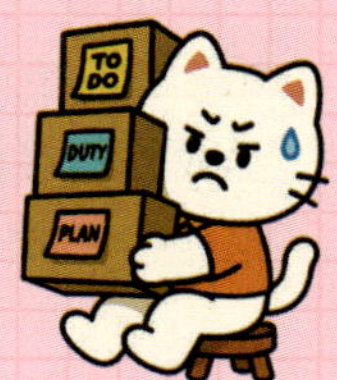

He refused to take responsibility

(그는 책임을 지기를 거부했다)

Day 168

Authority

(right)

권한 (권리)

權 권세 **권**

權은 권력, 권한, 힘 등의 의미를 가진 글자로, 권력(權力, 정치적·사회적 영향력), 인권(人權, 인간이 가지는 기본적 권리) 등의 단어에서 사용된다.

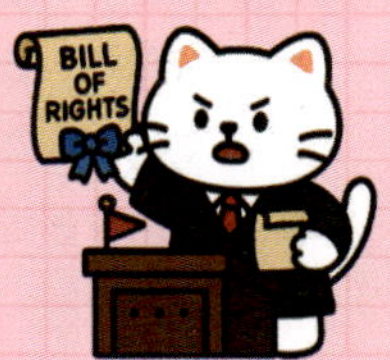

I respect his authority

(나는 그의 권위를 존중해)

Day 169

Treaty
(contract)

조약 (계약)

契 맺을 **계**

契는 약속하다, 계약하다 등의 의미를 가진 글자로, 계약(契約, 법적으로 맺는 약속), 계기(契機, 어떤 일이 일어나는 원인이나 기회) 등의 단어에서 사용된다.

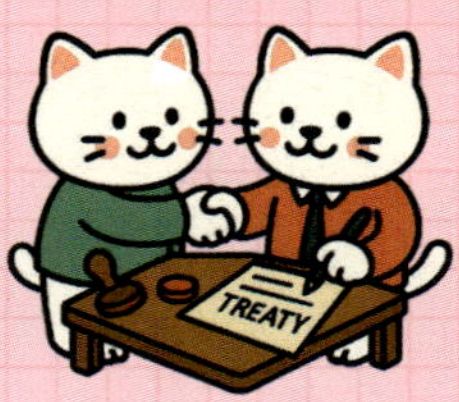

The nations signed a trade treaty
(그 나라들은 무역 조약을 체결했다)

Day 170

Pledge

(agreement)

약속 (합의)

約 맺을 **약**

約은 맺다, 약속하다 등의 의미를 가진 글자로, 약속(約束, 앞으로의 일을 어떻게 할 것인가를 미리 정함 또는 그 내용), 계약(契約, 법적으로 맺는 약속) 등의 단어에서 사용된다.

She pledged to help

(그녀는 도와주겠다고 약속했어)

Approaching
(come)

다가오는 (오다)

來 올 래(내)

來는 오다, 다가오다, 미래 등의 의미를 가진 글자로, 내일(來日, 다가오는 날, 미래의 어느 날), 내한(來韓, 한국에 옴) 등의 단어에서 사용된다.

The test is approaching
(시험이 다가오고 있다)

Day 172

Treasure

(gold)

보물 (금)

金 쇠 **금**

金은 금속, 돈, 귀금속 등의 의미를 가진 글자로, 금화(金貨, 금으로 만든 돈), 황금(黃金, 매우 귀중한 것) 등의 단어에서 사용된다.

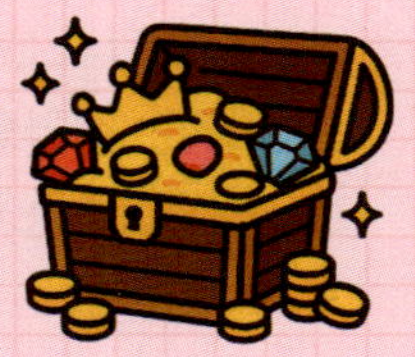

This ring is my treasure

(이 반지는 내 보물이다)

Day 173

Jewel

(silver)

보석 (은)

銀 은 **은**

銀은 은, 돈, 귀금속 등의 의미를 가진 글자로, 은행(銀行, 돈을 맡기고 빌려주는 곳), 은화(銀貨, 은으로 만든 화폐) 등의 단어에서 사용된다.

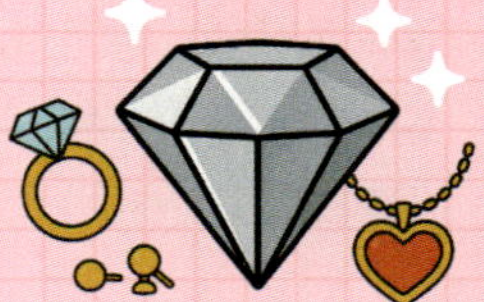

She wore a beautiful jewel

(그녀는 아름다운 보석을 착용했다)

Day 174

Benefit

(value)

이익 (가치)

利 이로울 **리(이)**

利는 이로움, 이익, 유익함 등의 의미를 가진 글자로, 유리(有利, 이로운 상태), 편리(便利, 편하고 이로운 것) 등의 단어에서 사용된다.

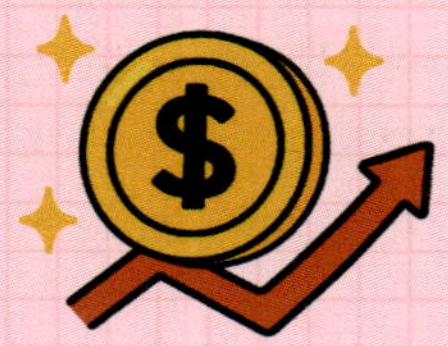

Exercise has many benefits

(운동은 많은 이점이 있다)

Day 175

Retail
(market)

소매 (시장)

市 시장 **시**

市는 사람들이 모여 물건을 사고파는 장소를 의미하며, 시장(市場, 물건을 파는 곳), 도시(都市, 사람들이 많이 사는 지역) 등의 단어에서 사용된다.

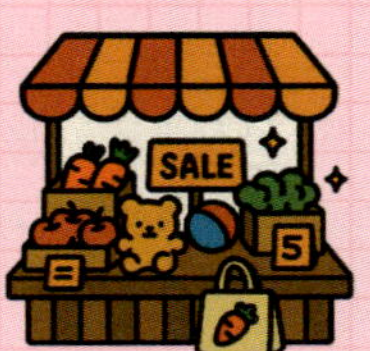

The retail price is $20
(소매 가격은 20달러이다)

Day 176

Outlet
(store)

할인매장 (가게)

店 가게 **점**

店은 물건을 사고파는 가게를 의미하며,
상점(商店, 물건을 파는 곳), 서점(書店, 책을 파는 가게)
등의 단어에서 사용된다.

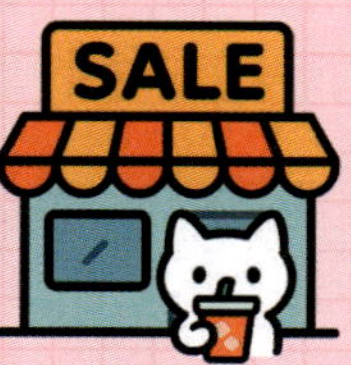

This brand has an outlet store
(이 브랜드는 아울렛 매장이 있다)

Day 177

Appetite

(food)

요리 (음식)

食 먹을 **식**

食은 먹다, 음식, 식사 등의 의미를 가진 글자로, 식사(食事, 끼니를 챙겨 먹는 일), 음식(飮食, 먹고 마시는 것) 등의 단어에서 사용된다.

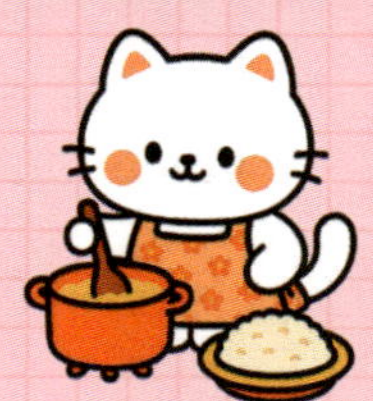

He has no appetite today

(그는 오늘 식욕이 없어)

Day 178

Protein

(meat)

단백질 (고기)

肉 고기 **육**

肉은 고기를 의미하며, 육류(肉類, 고기 종류),
육식(肉食, 고기를 먹는 것) 등의 단어에서 사용된다.

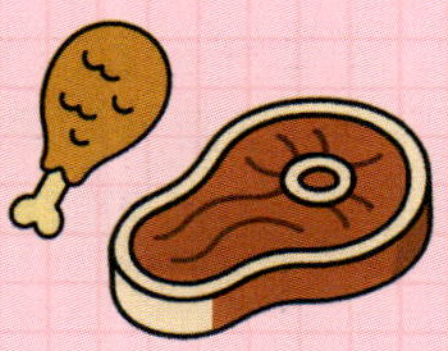

This meal is high in protein

(이 식사는 단백질이 풍부하다)

Day 179

Vegetable

채소

菜 나물 **채**

菜는 채소, 반찬, 요리 등의 의미를 가진 글자로, 야채(野菜, 일반적인 채소), 채식(菜食, 고기를 먹지 않고 식물성 음식만 먹는 식습관) 등의 단어에서 사용된다.

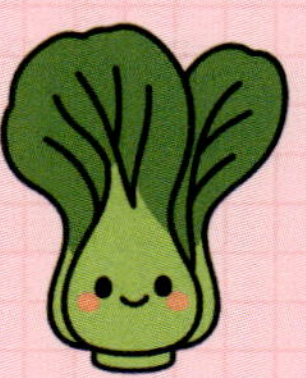

Vegetables are healthy

(채소는 건강에 좋아요)

Day 180

Loaf

(bread)

빵 한 덩어리 (빵)

粉 가루 **분**

粉은 가루, 분말, 흰색 등의 의미를 가진 글자로,
분말(粉末, 딱딱한 것을 잘게 부수거나 갈아서 만든 것),
분식(粉食, 가루로 만든 음식. 떡, 국수 등) 등의
단어에서 사용된다.

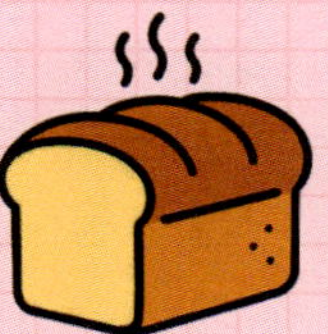

She baked a loaf of bread

(그녀는 빵 한 덩어리를 구웠다)

영어		한자	체크
conviction	trial	裁 (마를 재)	☐☐☐
judgement		判 (판단할 판)	☐☐☐
evidence		證 (증거 증)	☐☐☐
proper	fair	正 (바를 정)	☐☐☐
violation	crime	犯 (범할 범)	☐☐☐
punishment		刑 (형벌 형)	☐☐☐
responsibility		責 (꾸짖을 책)	☐☐☐
authority	right	權 (권세 권)	☐☐☐
treaty	contract	契 (맺을 계)	☐☐☐
pledge	agreement	約 (맺을 약)	☐☐☐
approaching	come	來 (올 래(내))	☐☐☐
treasure	gold	金 (쇠 금)	☐☐☐
jewel	silver	銀 (은 은)	☐☐☐
benefit	value	利 (이로울 리(이))	☐☐☐
retail	market	市 (시장 시)	☐☐☐
outlet	store	店 (가게 점)	☐☐☐
appetite	food	食 (먹을 식)	☐☐☐
protein	meat	肉 (고기 육)	☐☐☐
vegetable		菜 (나물 채)	☐☐☐
loaf	bread	粉 (가루 분)	☐☐☐

Day 181

Teapot

(tea)

차 주전자 (차)

茶 차 **다**
차 **차**

茶는 잎을 우려 마시는 음료를 의미하며, 다도(茶道, 차(茶)를 달이거나 마실 때의 방식이나 예의범절), 홍차(紅茶, 붉은 색의 차) 등의 단어에서 사용된다.

*pot: 냄비, 병

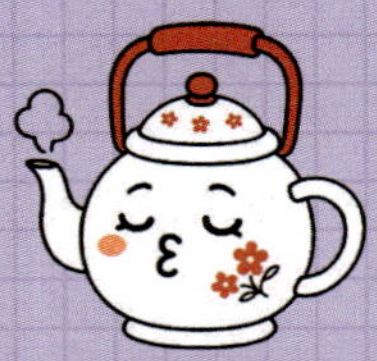

She poured the tea from the teapot

(그녀는 차 주전자에서 차를 따랐다)

Day 182

Beverage

(drink)

음료

飮 마실 **음**

飮은 마시는 것을 의미하며,
음료(飮料, 마시는 것), 음식(飮食, 사람이 먹고 마시는 것을 통틀어 이르는 말) 등의 단어에서 사용된다.

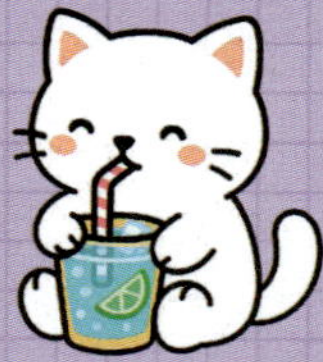

She ordered a cold beverage

(그녀는 차가운 음료를 주문했다)

Day 183

Diner
(restaurant)

작은 식당 (식당)

飯 밥 **반**

飯은 밥, 식사, 먹다 등의 의미를 가진 글자로,
백반(白飯, 흰쌀밥), 조반(朝飯, 아침밥) 등의 단어에서
사용된다.

*restaurant: 일반 식당 *diner: 캐주얼하고 저렴한 식당

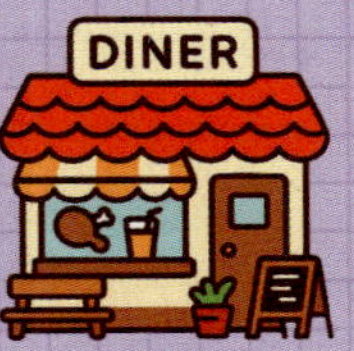

The diner is open 24 hours
(그 식당은 24시간 영업한다)

Day 184

Burn

(warm)

불에 타다 (따뜻한)

溫 따뜻할 **온**

溫은 따뜻하다, 온화하다 등의 의미를 가진 글자로, 온도(溫度, 물체나 공간의 따뜻하거나 차가운 정도), 온천(溫泉, 따뜻한 물이 나오는 샘) 등의 단어에서 사용된다.

Be careful, or you'll burn your hand

(조심해, 안 그러면 손을 데일 거야)

Day 185

Traditional

(old)

전통적인 (오래된)

古 옛 고

古는 옛날, 오래된 등의 의미를 가진 글자로, 고대(古代, 오래된 시대), 고전(古典, 오래된 책이나 작품), 고풍(古風, 옛날의 멋이나 분위기) 등의 단어에서 사용된다.

I love this traditional diner

(나는 이 전통 식당을 좋아한다)

Day 186

Dormitory

(bedroom)

기숙사 (침실)

室 집 **실**

室은 사람이 머무르는 방을 의미하며,
거실(居室, 생활하는 공간), 교실(教室, 공부하는 방) 등의 단어에서 사용된다.

*dormitory: 기숙사 뜻 외에도 공동 침실의 의미도 있음

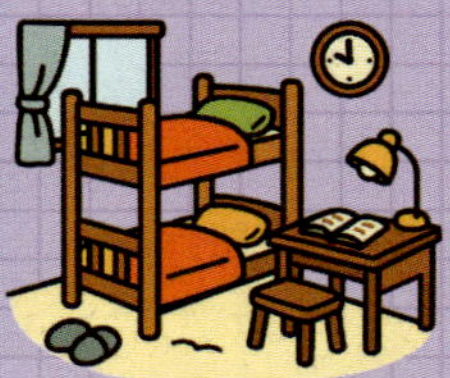

She lives in a dormitory at college

(그녀는 대학 기숙사에서 산다)

Day 187

Recent
(new)

최근의 (새로운)

新 새로울 **신**

新은 새롭다, 갓 시작되다 등의 의미를 가진 글자로, 신입(新入, 새로 들어옴), 신혼(新婚, 갓 결혼함) 등의 단어에서 사용된다.

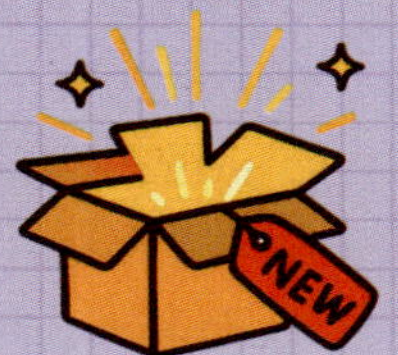

The recent dormitory is clean
(최근에 지어진 기숙사는 깨끗하다)

Day 188

Living room

거실

居 살 거

居는 사람이 머무르는 곳을 의미하며, 거주(居住, 사람이 사는 곳), 거실(居室, 가족이 함께 머무르는 방) 등의 단어에서 사용된다.

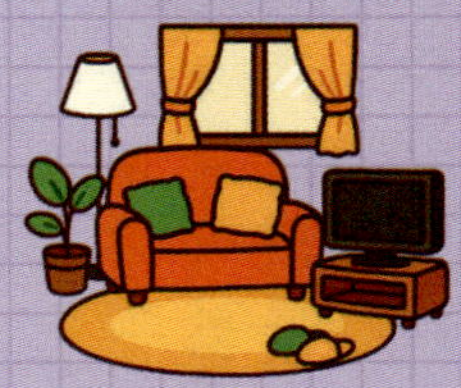

The living room is spacious

(거실이 넓어요)

Day 189

Refrigerator

냉장고

冷 찰 **랭(냉)**

冷은 차가움을 뜻하며,
냉동(冷凍, 얼리는 것), 냉기(冷氣, 차가운 공기)
등의 단어에서 사용된다.

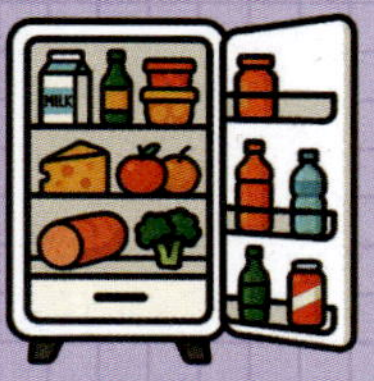

The refrigerator is full

(냉장고가 가득 차 있어요)

Day 190

Receiver
(television)

수신기 (텔레비전)

視 볼 **시**

視는 눈으로 보는 것을 의미하며,
시청(視聽, 보는 것과 듣는 것), 시각(視角, 보는 각도
또는 관점) 등의 단어에서 사용된다.

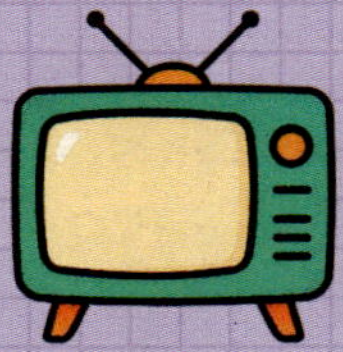

The TV receiver is not working
(TV 수신기가 작동하지 않는다)

Dial
(clock)

시계문자판 (시계)

時 때 시

時는 시간이나 특정한 때를 의미하며,
시간(時間, 일정한 길이의 시간), 시기(時期, 특정한 때)
등의 단어에서 사용된다.

The clock has a large dial
(그 시계는 큰 문자판을 가지고 있다)

Audible
(hear)

들리는 (듣다)

聽 들을 청

聽은 듣다, 귀를 기울이다 등의 의미를 가진 글자로, 청취(聽取, 귀를 기울여 들음), 청문(聽聞, 어떤 사실을 들어서 앎) 등의 단어에서 사용된다.

Music was audible outside
(음악이 밖에서도 들렸다)

Day 193

Landline

(telephone)

유선전화 (전화기)

話 말씀 **화**

話는 말하거나 이야기하는 것을 의미하며, 회화(會話, 서로 이야기하는 것), 대화(對話, 서로 주고받는 말), 화법(話法, 말하는 방식) 등의 단어에서 사용된다.

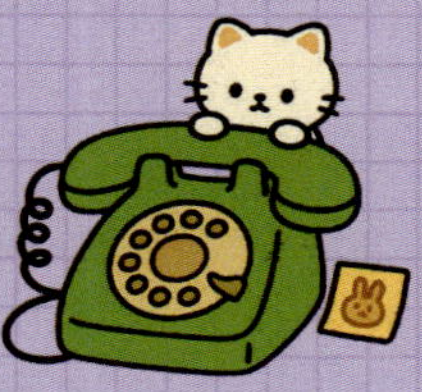

He wrote down the landline number

(그는 유선 전화번호를 적었다)

Day 194

Device

(computer)

장치, 기기 (컴퓨터)

計 셀 **계**

計는 수를 세거나, 계획을 세우는 것을 의미하며, 계산(計算, 수를 세는 것), 합계(合計, 전체의 총합) 등의 단어에서 사용된다.

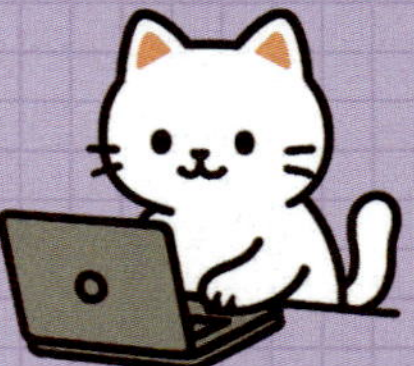

This device is very useful

(이 장치는 매우 유용하다)

Day 195

Institution

(school)

교육기관 (학교)

校 학교 **교**

校는 배우는 장소를 뜻하며,
학교(學校, 교육을 받는 곳), 교장(校長, 학교의 장, 교장선생님) 등의 단어에서 사용된다.

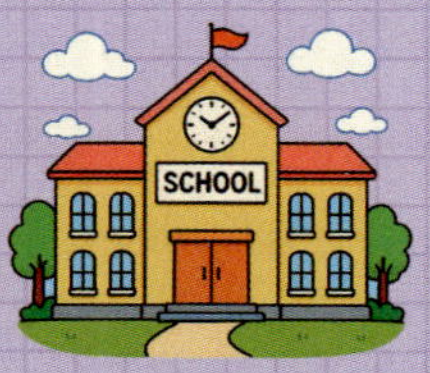

Harvard is a famous institution

(하버드는 유명한 교육 기관이다)

Day 196

Instructor

(teacher)

강사 (선생님)

師 스승 **사**

師는 가르치는 사람을 뜻하며,
교사(教師, 학생을 가르치는 사람), 사제(師弟,
스승과 제자) 등의 단어에서 사용된다.

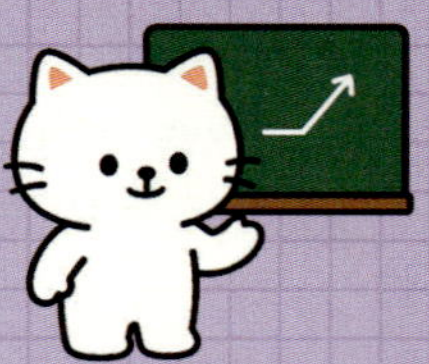

He became a fitness instructor

(그는 피트니스 강사가 되었다)

Day 197

Volume

(book)

책, 권 (책)

書 글 **서**

書는 글이나 지식을 기록하는 것을 의미하며,
독서(讀書, 책을 읽는 것), 서점(書店, 책을 파는 곳)
등의 단어에서 사용된다.

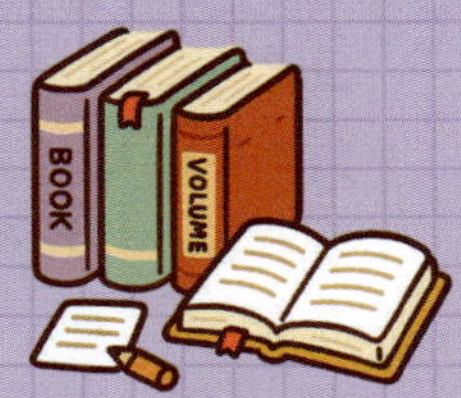

He wrote a three-volume novel

(그는 3권짜리 소설을 썼다)

Day 198

Marker

(pen)

표시 (펜)

筆 붓 **필**

筆은 글씨를 쓰는 도구를 의미하며,
필기(筆記, 글을 쓰는 것), 문필(文筆, 글을 쓰는 능력)
등의 단어에서 사용된다.

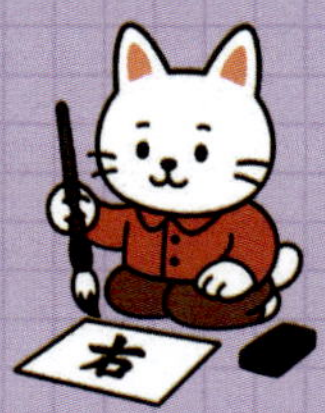

He placed a marker on the map

(그는 지도에 표시를 했다)

Day 199

Sheet

(paper)

종이 한 장 (종이)

紙 종이 **지**

紙는 문서나 책을 만드는 재료를 의미하며, 신문지(新聞紙, 신문 기사를 실은 종이), 편지지(便紙紙, 편지를 쓰는 종이) 등의 단어에서 사용된다.

He wrote on a sheet of paper

(그는 종이 한 장에 글을 썼다)

Day 200

Subject
(field)

과목 (분야)

科 과목 **과**

科는 과목, 분야, 부서 등의 의미를 가진 글자로, 과학(科學, 자연의 원리를 연구하는 학문), 학과(學科, 학교에서 배우는 특정 분야) 등의 단어에서 사용된다.

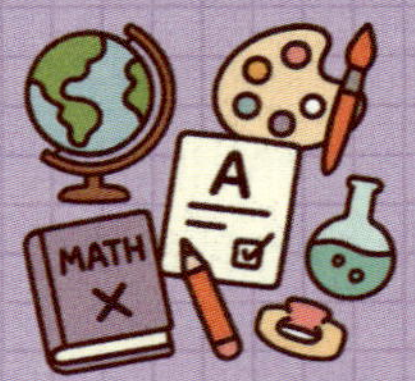

She is good at every subject
(그녀는 모든 과목을 잘한다)

200일 챌린지! 복습 타임!

영어		한자	체크
teapot	tea	茶 (차 다, 차 차)	☐☐☐
beverage	drink	飮 (마실 음)	☐☐☐
diner	restaurant	飯 (밥 반)	☐☐☐
burn	warm	溫 (따뜻할 온)	☐☐☐
traditional	old	古 (옛 고)	☐☐☐
dormitory	bedroom	室 (집 실)	☐☐☐
recent	new	新 (새로울 신)	☐☐☐
living room		居 (살 거)	☐☐☐
refrigerator		冷 (찰 랭(냉))	☐☐☐
receiver	television	視 (볼 시)	☐☐☐
dial	clock	時 (때 시)	☐☐☐
audible	hear	聽 (들을 청)	☐☐☐
landline	telephone	話 (말씀 화)	☐☐☐
device	computer	計 (셀 계)	☐☐☐
institution	school	校 (학교 교)	☐☐☐
instructor	teacher	師 (스승 사)	☐☐☐
volume	book	書 (글 서)	☐☐☐
marker	pen	筆 (붓 필)	☐☐☐
sheet	paper	紙 (종이 지)	☐☐☐
subject	field	科 (과목 과)	☐☐☐

Day 201

Education

(learn)

교육 (배우다)

學 배울 **학**

學은 배우다, 공부하다 등의 의미를 가진 글자로,
학교(學校, 배움을 위한 기관), 학생(學生, 배우는 사람),
학습(學習, 배우고 익히는 과정) 등의 단어에서 사용된다.

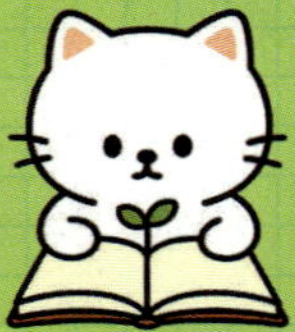

Education helps people grow

(교육은 사람들을 성장하게 한다)

Day 202

Script
(character)

원고 (문자)

文 글 **문**

文은 글, 문화, 학문 등의 의미를 가진 글자로,
문화(文化, 사람들이 만들어낸 생활 방식),
문법(文法, 글의 규칙) 등의 단어에서 사용된다.

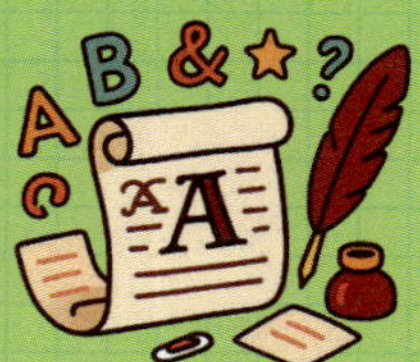

The script is well-written
(그 대본은 잘 쓰여 있다)

Freshman
(student)

신입생 (학생)

生 날 생

生은 태어나다, 살다, 생명 등의 의미를 가진 글자로, 생명(生命, 살아 있는 것), 생활(生活, 삶을 살아가는 것) 등의 단어에서 사용된다.

I was a freshman last year
(나는 작년에 1학년이었다)

Day 204

Instruct

(educate)

가르치다

授 줄 **수**

授는 주다, 가르치다 등의 의미를 가진 글자로, 수업(授業, 배우고 가르치는 과정), 수여(授與, 상이나 자격을 주는 것) 등의 단어에서 사용된다.

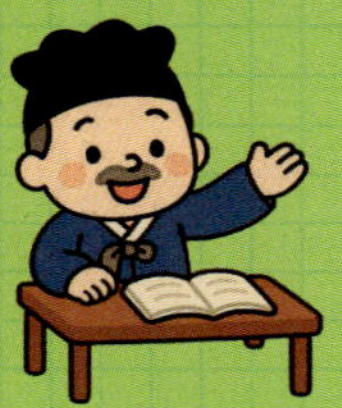

He instructed me to wait

(그는 나에게 기다리라고 지시했다)

Day 205

Wisdom

지혜

智 슬기(지혜) **지**

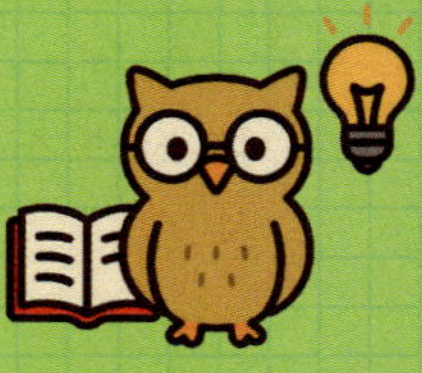

智는 지혜, 슬기로움 등의 의미를 가진 글자로, 지혜(智慧, 슬기롭고 현명한 생각이나 판단 능력), 지력(智力, 머리 쓰는 힘, 지적 능력) 등의 단어에서 사용된다.

He shared his wisdom with us

(그는 우리에게 자신의 지혜를 나누어 주었다)

Day 206

Perception

지각, 인식

識 알 식

識은 알다, 이해하다, 지식 등의 의미를 가진 글자로, 지식(知識, 배워서 아는 것), 인식(認識, 사물을 이해하고 판단함) 등의 단어에서 사용된다.

Perception can be different
(인식은 다를 수 있다)

Day 207

Narrate

(read)

낭독하다 (읽다)

讀 읽을 **독**

讀은 읽다, 공부하다 등의 의미를 가진 글자로,
독서(讀書, 책을 읽음), 다독(多讀, 책을 많이 읽는 것)
등의 단어에서 사용된다.

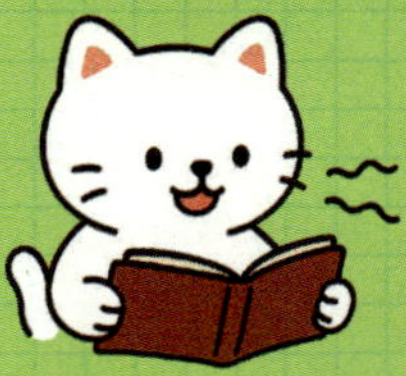

The teacher narrated a famous tale

(선생님은 유명한 이야기를 들려주셨다)

Day 208

Confirm

(answer)

확인하다 (답변)

答 대답 **답**

答은 대답하다, 응답하다 등의 의미를 가진 글자로, 답변(答辯, 질문에 대한 대답), 정답(正答, 올바른 대답) 등의 단어에서 사용된다.

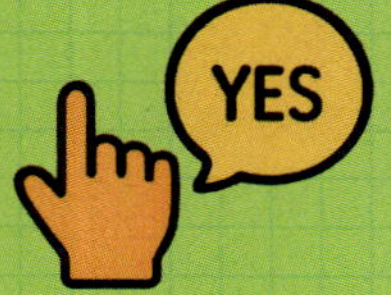

Please confirm your answer

(당신의 답을 확인해 주세요)

Lecture
(explain)

강의 (설명하다)

講 외울(익힐) 강

講은 말하다, 강의하다 등의 의미를 가진 글자로, 강의(講義, 학문을 설명하는 일), 강연(講演, 청중 앞에서 말하는 것) 등의 단어에서 사용된다.

He gave a lecture on history
(그는 역사에 대한 강의를 했다)

Day 210

Evaluate

(test)

평가하다 (시험)

試 시험할 **시**

試는 시험하다, 평가하다 등의 의미를 가진 글자로, 시험(試驗, 지식을 평가하는 과정), 시식(試食, 음식을 맛보기 위해 먹어 봄) 등의 단어에서 사용된다.

We need to evaluate the test results

(우리는 시험 결과를 평가해야 한다)

Day 211

Period

(deadline)

기간 (기한)

期 기약할 **기**

期는 기약하다, 기한, 기간 등의 의미를 가진 글자로, 기간(期間, 어떤 일이 계속되는 동안), 학기(學期, 학교에서 정한 일정한 교육 기간) 등의 단어에서 사용된다.

The exam lasts for a short period

(시험은 짧은 기간 동안 진행된다)

Day 212

Ambition
(goal)

야망, 포부 (목표)

志 뜻 지

志는 뜻, 의지, 목표 등의 의미를 가진 글자로, 의지(意志, 어떤 일을 이루려는 굳은 마음), 지망(志望, 어떤 일을 하고자 마음먹음) 등의 단어에서 사용된다.

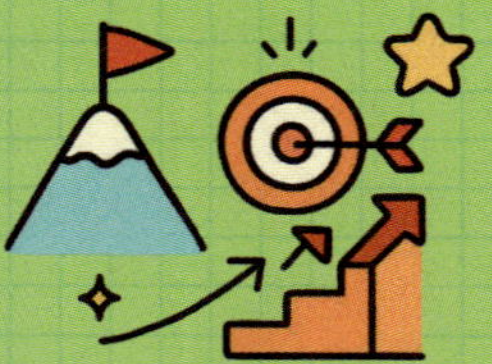

The test showed his ambition
(그 시험은 그의 야망을 보여줬다)

Day 213

Inquire

(ask)

문의하다 (질문하다)

問 물을 **문**

問은 묻다, 질문하다 등의 의미를 가진 글자로, 문답(問答, 묻고 대답함), 방문(訪問, 어떤 곳을 찾아감) 등의 단어에서 사용된다.

May I inquire about your name?

(이름을 여쭤봐도 될까요?)

Day 214

Register
(note)

기록하다 (메모)

記 기록할 **기**

記는 기록하다, 기억하다 등의 의미를 가진 글자로, 기록(記錄, 사건이나 정보를 적어 둠), 일기(日記, 하루의 일을 적는 글) 등의 단어에서 사용된다.

The device registers all user activities
(그 장치는 모든 사용자 활동을 기록한다)

Day 215

Convenience

편리함

便 편할 **편**

便은 편리하다, 우편, 소식 등의 의미를 가진 글자로, 편리(便利, 사용하기 쉬운 것), 편안(便安. 편하고 평안함) 등의 단어에서 사용된다.

Please call at your convenience

(편하실 때 전화 주세요)

Deliver
(send)

배달하다 (보내다)

送 보낼 송

送은 보내다, 전달, 배웅하다 등의 의미를 가진
글자로, 발송(發送, 물건이나 메시지를 보내는 것),
배송(配送, 배달하여 보냄) 등의 단어에서 사용된다.

I will deliver the package tomorrow
(나는 내일 소포를 배달할 것이다)

Day 217

Express
(quick)

급행의 (신속한)

速 빠를 **속**

速은 빠르다, 신속하다 등의 의미를 가진 글자로, 속보(速報, 빠르게 알리는 것), 가속(加速, 속도를 높임) 등의 단어에서 사용된다.

*express: (감정, 의견 등) 표현하다, 전달하다

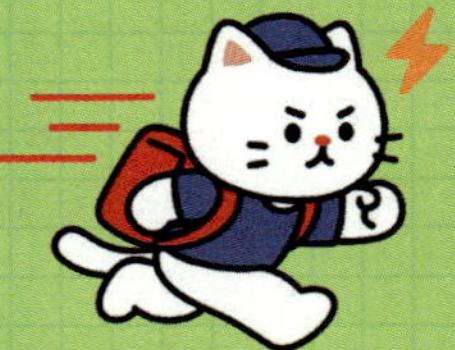

This train is an express to Busan

(이 기차는 부산행 급행열차이다)

Navigate
(travel)

길을 찾다 (여행)

行 다닐 행

行은 길을 따라 걷거나 움직이는 것을 의미하는 글자로, 행동(行動, 동작을 하여 행하는 일), 여행(旅行, 다른 고장이나 다른 나라에 가는 일) 등에서 사용된다.

She navigated the map
(그녀는 지도를 살펴 길을 찾았다)

Day 219

Sprint

(run)

단거리 달리기 (달리다)

走 달릴 **주**

走는 달리다, 이동하다 등의 의미를 가진 글자로, 도주(逃走, 도망쳐 달아남), 주행(走行, 차나 기차 등이 달리는 것) 등의 단어에서 사용된다.

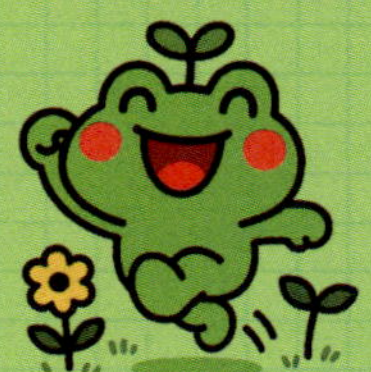

He sprinted to the finish line

(그는 결승선을 향해 전력으로 달렸다)

Day 220

Footstep

(walk)

발걸음 (걸음)

步 걸음 **보**

步는 걷다, 걸음, 나아가다 등의 의미를 가진 글자로, 보행(步行, 걸어서 감), 진보(進步, 정도나 수준이 나아지거나 높아짐) 등의 단어에서 사용된다.

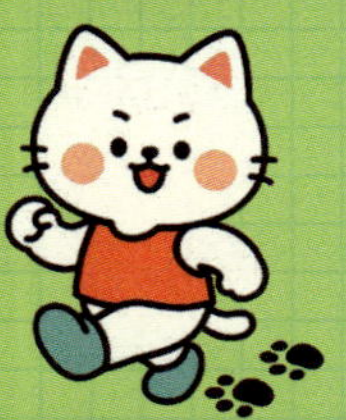

I heard footsteps behind me

(나는 내 뒤에서 발소리를 들었다)

220일 챌린지! 복습 타임!

영어		한자	체크
education	learn	學 (배울 학)	☐☐☐
script	character	文 (글 문)	☐☐☐
freshman	student	生 (날 생)	☐☐☐
instruct	educate	授 (줄 수)	☐☐☐
wisdom		智 (슬기(지혜) 지)	☐☐☐
perception		識 (알 식)	☐☐☐
narrate	read	讀 (읽을 독)	☐☐☐
confirm	answer	答 (대답 답)	☐☐☐
lecture	explain	講 (외울(익힐) 강)	☐☐☐
evaluate	test	試 (시험할 시)	☐☐☐
period	deadline	期 (기약할 기)	☐☐☐
ambition	goal	志 (뜻 지)	☐☐☐
inquire	ask	問 (물을 문)	☐☐☐
register	note	記 (기록할 기)	☐☐☐
convenience		便 (편할 편)	☐☐☐
deliver	send	送 (보낼 송)	☐☐☐
express	quick	速 (빠를 속)	☐☐☐
navigate	travel	行 (다닐 행)	☐☐☐
sprint	run	走 (달릴 주)	☐☐☐
footstep	walk	步 (걸음 보)	☐☐☐

Day 221

Cab
(carry)

택시 (옮기다)

運 옮길 **운**

運은 옮기다, 이동하다는 의미를 가지며,
운송(運送, 물건이나 사람을 옮김), 운명(運命,
피할 수 없이 정해진 일) 등의 단어에서 사용된다.

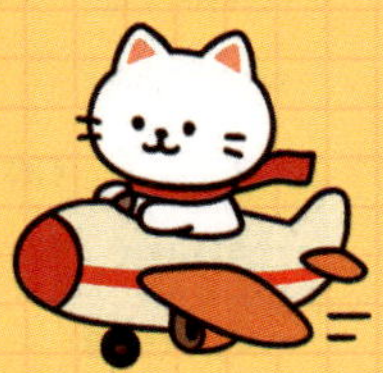

The cab driver was friendly
(택시 기사는 친절했다)

Advance
(progress)

전진하다 (전진)

進 나아갈 진

進은 나아가다, 향상하다 등의 의미를 가진 글자로, 진로(進路, 나아갈 길, 미래의 방향), 전진(前進, 앞으로 나아감) 등의 단어에서 사용된다.

We need to advance in our studies
(우리는 공부에서 진전을 이뤄야 한다)

Day 223

Vessel

(ship)

선박 (배)

船 배 **선**

船은 물 위를 떠다니는 배를 의미하며, 승선(乘船, 배를 탐), 어선(漁船, 물고기를 잡는 배) 등의 단어에서 사용된다.

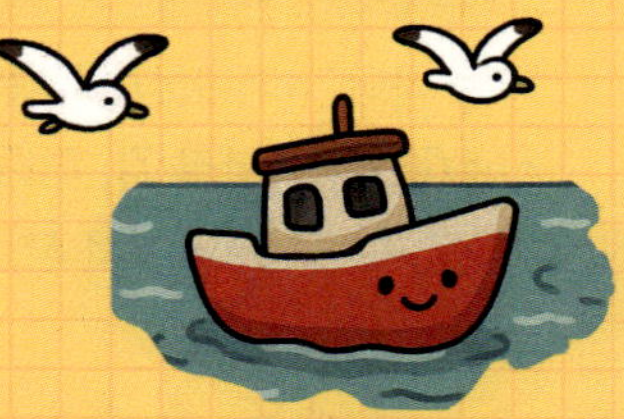

The vessel sailed across the ocean

(그 선박은 대양을 건넜다)

Day 224

Aircraft

(airplane)

항공기 (비행기)

飛 날 **비**

飛는 하늘을 나는 것을 의미하며,
비행(飛行, 하늘을 날아가는 것), 비상(飛上,
위로 날아오름) 등의 단어에서 사용된다.

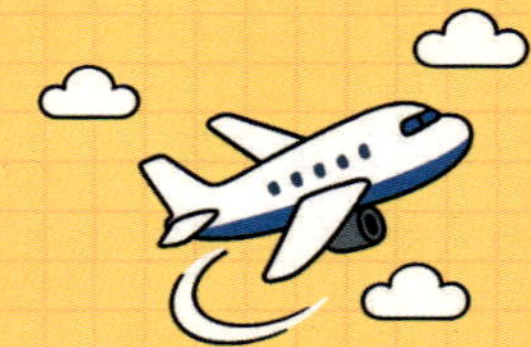

The airport is full of aircraft

(공항은 항공기들로 가득 차 있다.)

Day 225

Vehicle

(car)

운송수단 (자동차)

車 수레 **차**

車는 바퀴가 달린 탈것을 의미하며,
자동차(自動車, 스스로 움직이는 차), 차도(車道,
자동차가 다니는 도로) 등의 단어에서 사용된다.

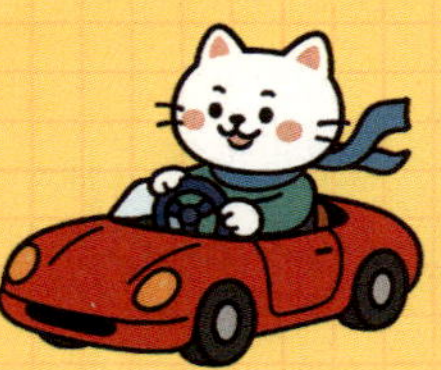

A car is a type of vehicle

(자동차는 차량의 일종이다)

Day 226

Admit

(enter)

입장하다 (들어가다)

入 들 **입**

入은 들어가다, 가입하다 등의 의미를 가진 글자로, 입학(入學, 학교에 들어감), 입국(入國, 나라에 들어감) 등의 단어에서 사용된다.

*admit: 인정하다, 자백하다, 들어가게 하다.

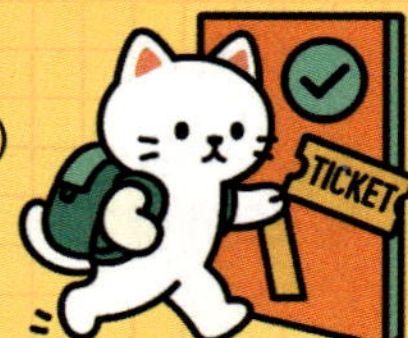

Children under 12 are not admitted

(12세 미만 어린이는 입장할 수 없다)

Day 227

Public

(equal)

공공의 (평등한)

公 공평할 **공**

公은 공평함, 공공, 공식적 등의 의미를 가진 글자로, 공정(公正, 올바르고 치우침이 없음), 공개(公開, 누구에게나 열어 보이는 것) 등의 단어에서 사용된다.

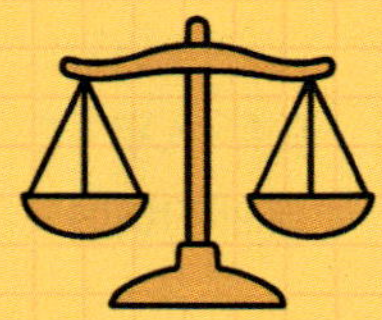

I take public buses every day

(나는 매일 공용버스를 탄다)

Day 228

Relocate

(move)

이동하다 (옮기다)

移 옮길 **이**

移는 옮기다, 이동하다 등의 의미를 가진 글자로, 이동(移動, 자리나 장소를 바꾸다), 이민(移民, 다른 나라로 이주함) 등의 단어에서 사용된다.

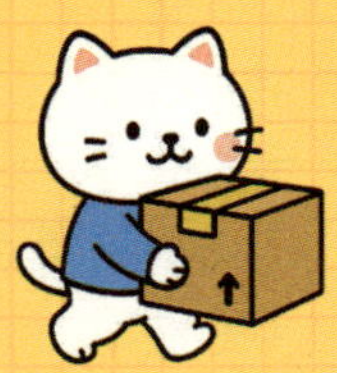

They relocated their office

(그들은 사무실을 옮겼다)

Transportation
(traffic)

운송 (교통)

通 통할 통

通은 통하다, 왕래하다, 알리다 등의 의미를 가진 글자로, 교통(交通, 운송수단을 이용하여 사람이나 짐이 오고 감), 통신(通信, 소식을 전함) 등의 단어에서 사용된다.

I use public transportation
(나는 대중교통을 이용한다)

Day 230

Board

(ride)

탑승하다 (타다)

乘 탈 승

乘은 타다, 탑승하다 등의 의미를 가진 글자로, 승차(乘車, 차량에 타다), 승선(乘船, 배에 타다) 등의 단어에서 사용된다.

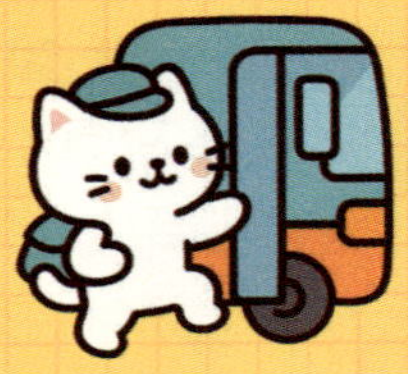

Please board the train quickly

(기차에 빨리 탑승하세요)

Decline
(get off)

감소하다 (하차하다)

降 내릴 강

降은 내리다, 떨어지다 등의 의미를 가진 글자로, 강하(降下, 위에서 아래로 내려옴), 강우(降雨, 비가 내림) 등의 단어에서 사용된다.

Sales declined last month
(지난달에 매출이 줄었어)

Day 232

Erect

(stand)

세우다 (서다)

立 설 **립(입)**

立은 서다, 세우다 등의 의미를 가진 글자로,
독립(獨立, 혼자 서다), 입장(立場, 어떤 사람이
처한 상황) 등의 단어에서 사용된다.

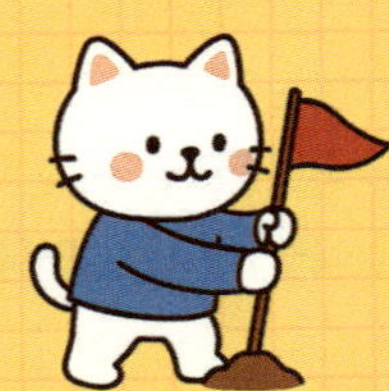

The statue was erected in the town

(그 동상은 마을에 세워졌다)

Day 233

Weary

(tired)

지친 (피곤한)

疲 피곤할 **피**

疲는 피곤하다, 쇠약하다 등의 의미를 가진 글자로, 피로(疲勞, 몸과 마음이 지침), 피곤(疲困, 몹시 지쳐서 힘듦) 등의 단어에서 사용된다.

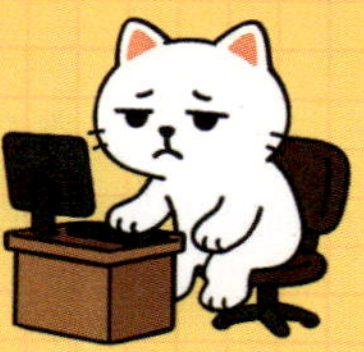

She felt weary from the long trip

(그녀는 긴 여행으로 지쳤다)

Day 234

Idle

(lazy)

한가한 (게으른)

怠 게으를 **태**

怠는 게으르다, 나태하다 등의 의미를 가진 글자로, 태만(怠慢, 게을러서 할 일을 하지 않음), 태업(怠業, 일을 일부러 게을리함) 등의 단어에서 사용된다.

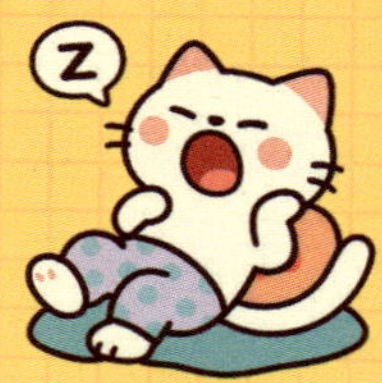

Don't be idle

(빈둥거리지 마)

Day 235

Furious

(angry)

격분한 (화난)

怒 성낼 **노**

怒는 화내다, 성나다, 분노하다 등의 의미를 가진 글자로, 분노(憤怒, 분하고 화나는 감정), 격노(激怒, 매우 심하게 화냄) 등의 단어에서 사용된다.

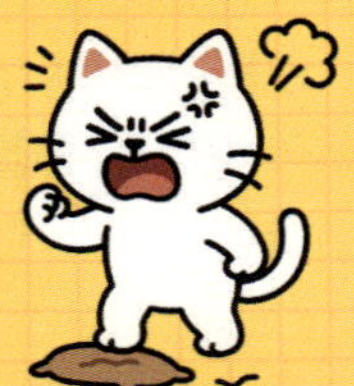

I was furious about the delay

(나는 지연에 대해 몹시 화가 났다)

Day 236

Amusing

(funny)

재미있는

笑 웃음 **소**

笑는 웃다, 웃기다 등의 의미를 가진 글자로,
미소(微笑, 소리 없이 빙긋이 웃음), 냉소(冷笑, 차가운
웃음) 등의 단어에서 사용된다.

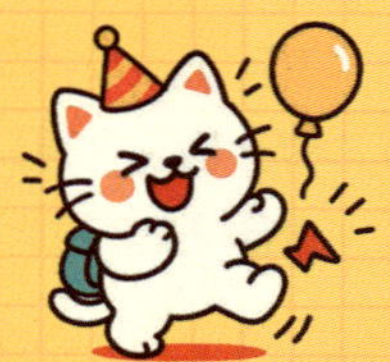

The movie was really amusing

(그 영화는 정말 재미있었다)

Day 237

Content

(happy)

만족한 (행복한)

喜 기쁠 **희**

喜는 기쁘다, 즐겁다 등의 의미를 가진 글자로, 희소식(喜消息, 기쁜 소식), 희비(喜悲, 기쁨과 슬픔) 등의 단어에서 사용된다.

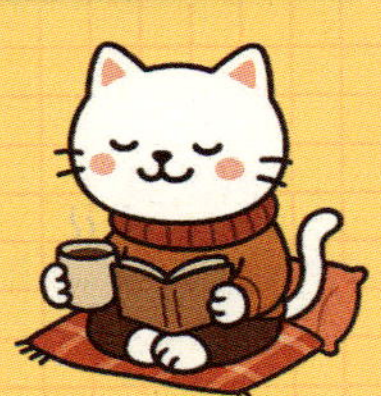

I am content with my results

(나는 내 결과에 만족한다)

Despondent
(sad)

낙담한 (슬픈)

悲 슬플 비

悲는 슬프다, 가슴 아프다 등의 의미를 가진 글자로, 비통(悲痛, 몹시 아프고 슬픔), 비애(悲哀, 슬퍼하고 서러워함) 등의 단어에서 사용된다.

His voice was despondent
(그의 목소리는 우울했다)

Day 239

Despair

(sorrow)

절망 (슬픔)

哀 슬플 **애**

哀는 슬퍼하다, 불쌍히 여기다 등의 의미를 가진 글자로, 애통(哀痛, 매우 슬퍼하고 괴로움), 애한(哀恨, 슬프고 한스러워함) 등의 단어에서 사용된다.

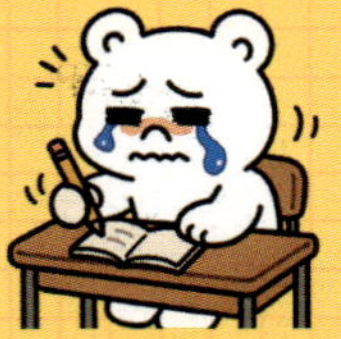

Don't fall into despair

(절망에 빠지지 마)

Day 240

Afraid
(scared)

두려운 (무서운)

恐 두려울 **공**

恐은 두려워하다, 겁내다 등의 의미를 가진 글자로, 공포(恐怖, 무섭고 두려운 느낌), 공황(恐慌, 극심한 불안과 두려움) 등의 단어에서 사용된다.

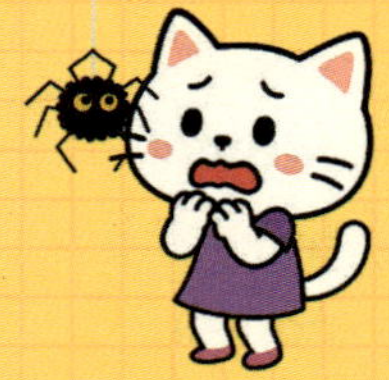

He is afraid of spiders
(그는 거미를 무서워한다)

영어		한자	체크
cab	carry	運 (옮길 운)	☐☐☐
advance	progress	進 (나아갈 진)	☐☐☐
vessel	ship	船 (배 선)	☐☐☐
aircraft	airplane	飛 (날 비)	☐☐☐
vehicle	car	車 (수레 차)	☐☐☐
admit	enter	入 (들 입)	☐☐☐
public	equal	公 (공평할 공)	☐☐☐
relocate	move	移 (옮길 이)	☐☐☐
transportation	traffic	通 (통할 통)	☐☐☐
board	ride	乘 (탈 승)	☐☐☐
decline	get off	降 (내릴 강)	☐☐☐
erect	stand	立 (설 립(입))	☐☐☐
weary	tired	疲 (피곤할 피)	☐☐☐
idle	lazy	怠 (게으를 태)	☐☐☐
furious	angry	怒 (성낼 노)	☐☐☐
amusing	funny	笑 (웃음 소)	☐☐☐
content	happy	喜 (기쁠 희)	☐☐☐
despondent	sad	悲 (슬플 비)	☐☐☐
despair	sorrow	哀 (슬플 애)	☐☐☐
afraid	scared	恐 (두려울 공)	☐☐☐

Day 241

Generous

(good)

관대한 (선한)

善 착할 **선**

善은 착하다, 올바르다 등의 의미를 가진 글자로, 선행(善行, 착한 행동), 선의(善意, 좋은 뜻과 마음), 개선(改善, 더 좋은 방향으로 고침) 등의 단어에서 사용된다.

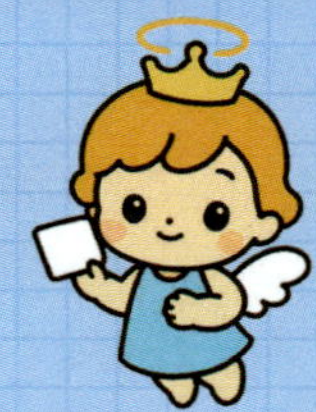

She is always generous to others

(그녀는 항상 다른 사람들에게 관대하다)

Day 242

Kindness

친절

仁 어질 **인**

仁은 어질다, 자비롭다 등의 의미를 가진 글자로, 인자하다(仁慈, 성품이 어질고 자애로운 마음), 인의(仁義, 마음이 어질고 의로움) 등의 단어에서 사용된다.

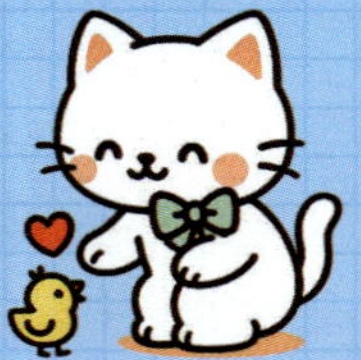

Thank you for your kindness
(당신의 친절에 감사해요)

Day 243

Courteous
(polite)

공손한 (예의바른)

禮
예절 **예**

禮는 예의, 예절 등의 의미를 가진 글자로,
예절(禮節, 바른 태도와 행동), 혼례(婚禮, 결혼식) 등의 단어에서 사용된다.

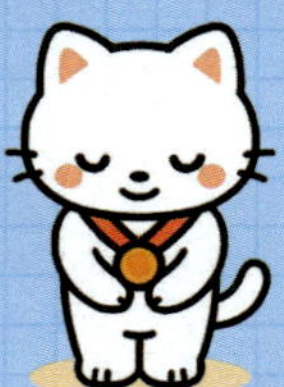

Please be courteous to everyone
(모든 사람에게 공손하게 행동해라)

Consider
(think)

고려하다 (생각하다)

思 생각 사

思는 생각하다, 마음속에 두다 등의 의미를 가진 글자로, 사고(思考, 생각하고 궁리함), 심사(心思, 마음 속 생각이나 감정) 등의 단어에서 사용된다.

I will consider your opinion
(나는 너의 의견을 숙고할 것이다)

Day 245

Considerate
(friendly)

배려하는 (친절한)

和 화할 **화**

和는 평화롭다, 화합하다 등의 의미를 가진 글자로,
화합(和合, 사이좋게 어우러짐), 평화(平和, 전쟁이나
갈등 없이 조용하고 평온함) 등의 단어에서 사용된다.

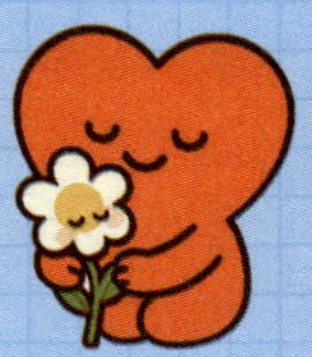

He made a considerate decision
(그는 사려 깊은 결정을 내렸다)

Day 246

Reputation

(honor)

평판 (명예)

譽 명예 **예**

譽는 기리다, 명성을 얻다 등의 의미를 가진 글자로, 명예(名譽, 좋은 이름과 평판), 영예(榮譽, 영광스러운 명예) 등의 단어에서 사용된다.

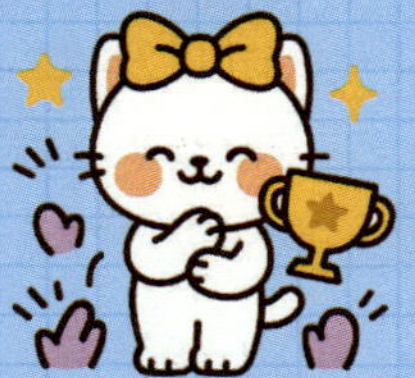

She has a good reputation

(그녀는 좋은 평판을 가지고 있다)

Day 247

Respect for parents

효도

孝 효도 효

孝는 부모를 공경하고 섬기다라는 의미를 가진 글자로, 효도(孝道, 부모를 잘 섬기는 도리), 불효(不孝, 부모를 공경하지 않음) 등의 단어에서 사용된다.

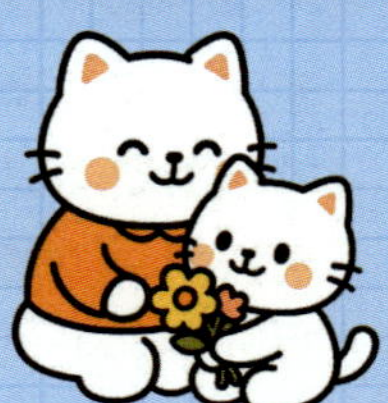

We must have respect for parents

(우리는 부모님을 존중해야 한다)

Day 248

Generation

세대

世 인간(세대) **세**

世는 세상, 인간 사회 등의 의미를 가진 글자로, 세계(世界, 온 세상), 세대(世代, 같은 시대를 사는 사람들), 세상(世上, 인간 사회와 자연 환경) 등의 단어에서 사용된다.

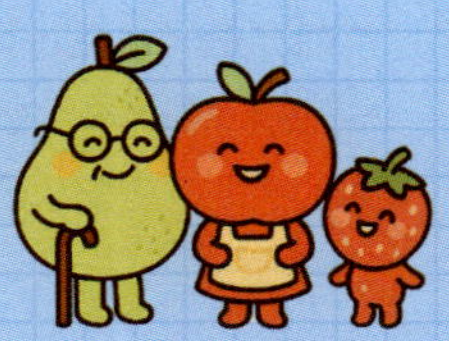

They study generation gaps
(그들은 세대 차이를 연구한다)

Substitute

대체하다

代 대신할 **대**

代는 대신하다, 세대 등의 의미를 가진 글자로, 대표(代表, 어떤 집단을 대신하여 나서는 사람), 시대(時代, 특정한 역사적 기간) 등의 단어에서 사용된다.

Milk can substitute water
(우유는 물을 대신할 수 있다)

Day 250

Residence

(house)

거주지 (집)

家 집 **가**

家는 집과 가족을 의미하는 글자로,
가족(家族, 친족 관계에 있는 사람들의 집단),
가정(家庭, 가족이 사는 곳) 등의 단어에서 사용된다.

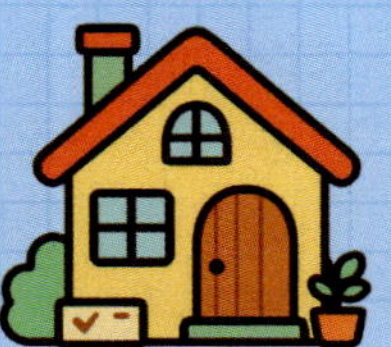

He moved to a new residence

(그는 새로운 거주지로 이사했다)

Day 251

Countryside
(village)

시골마을 (마을)

村 마을 **촌**

村은 마을, 시골 등의 의미를 가진 글자로,
농촌(農村, 농사를 짓는 마을), 촌장(村長, 마을을
다스리는 사람) 등의 단어에서 사용된다.

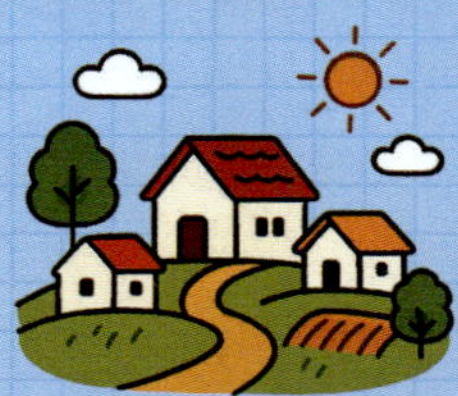

She grew up in the countryside
(그녀는 시골에서 자랐다)

Assemble
(meeting)

집합하다 (모임)

會 모일 **회**

會는 모이다, 함께하다 등의 의미를 가진 글자로, 회의(會議, 사람들이 모여 의논함), 사회(社會, 사람들이 모여 이루는 공동체) 등의 단어에서 사용된다.

The team assembled quickly
(팀이 빠르게 모였다)

Day 253

Organization

단체, 조직

社 모일 **사**

社는 단체, 모임, 공동체 등의 의미를 가진 글자로, 회사(會社, 사업을 운영하는 조직), 사원(社員, 회사에서 일하는 직원) 등의 단어에서 사용된다.

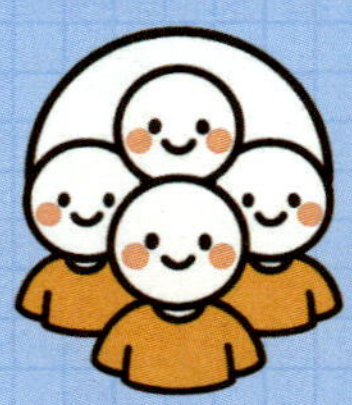

He joined a non-profit organization

(그는 비영리 단체에 가입했다)

Day 254

Department

부서

部 나눌 **부**

部는 부분, 조직 등의 의미를 가진 글자로,
본부(本部, 조직의 중심이 되는 곳),
부장(部長, 부서의 책임자) 등의 단어에서
사용된다.

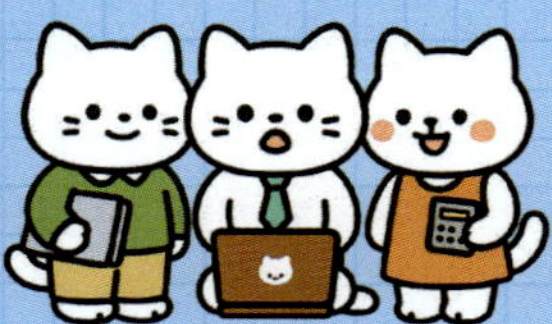

She works in the sales department

(그녀는 영업부에서 일한다)

District
(zone)

구역

區　구분할 **구**

區는 구역, 지역, 나누다 등의 의미를 가진 글자로, 구역(區域, 일정한 범위로 나눈 지역), 구별(區別, 어떤 것을 구획 짓고 나누는 것) 등의 단어에서 사용된다.

This district is famous for its food
(이 지역은 음식으로 유명하다)

Day 256

Metropolis
(city)

대도시 (도시)

都 도읍 **도**

都는 도시, 수도, 모두 등의 의미를 가진 글자로, 수도(首都, 나라의 중심 도시), 도시(都市, 사람들이 모여 사는 큰 지역) 등의 단어에서 사용된다.

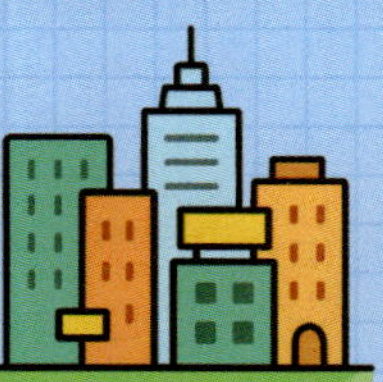

New York is a global metropolis
(뉴욕은 세계적인 대도시이다)

Day 257

Capital

수도

京 서울 **경**

京은 수도, 큰 도시 등의 의미를 가진 글자로, 북경(北京, 중국의 수도 베이징), 동경(東京, 일본의 수도 도쿄) 등의 단어에서 사용된다.

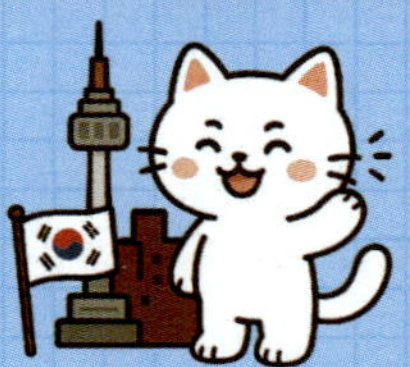

Seoul is the capital of South Korea
(서울은 대한민국의 수도이다)

Day 258

Overpass

(bridge)

육교 (다리)

橋 다리 **교**

橋는 강이나 도로 위에 만들어진 다리를 의미하며, 목교(木橋, 나무로 만든 다리), 육교(陸橋, 도로 위에 놓인 다리) 등의 단어에서 사용된다.

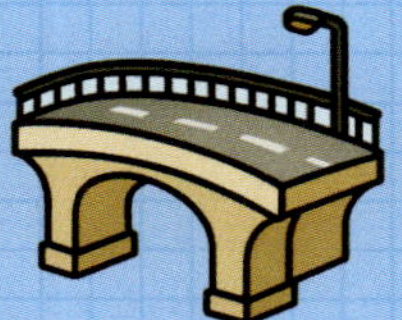

There is a park under the overpass

(육교 아래에는 공원이 있다)

Avenue
(road)

큰 도로 (길)

道 길 도

道는 사람이 다니는 길, 방법, 진리를 의미하여, 도로(道路, 차가 다니는 길), 도리(道理, 사람이 마땅히 행(行)해야 할 바른 길) 등의 단어에서 사용된다.

They walked down the avenue
(그들은 큰 도로를 따라 걸었다)

Day 260

Cross

(pass)

건너다 (지나다)

渡 건널 **도**

渡는 건너다, 지나가다 등의 의미를 가진 글자로, 도항(渡航, 배로 바다를 건너 감), 과도기(過渡期, 옛 것에서 새 것으로 바꾸어지는 시기) 등의 단어에서 사용된다.

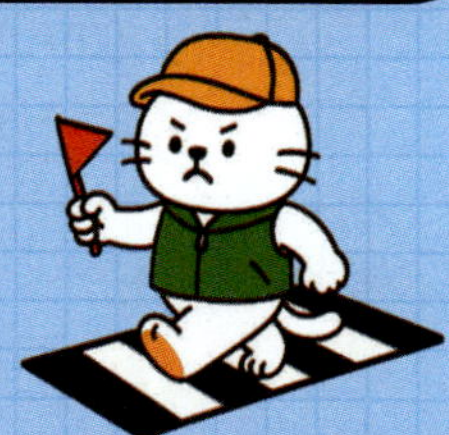

We should cross this street

(우리는 이 길을 건너야 해)

영어		한자	체크
generous	good	善 (착할 선)	☐☐☐
kindness		仁 (어질 인)	☐☐☐
courteous	polite	禮 (예절 예)	☐☐☐
consider	think	思 (생각 사)	☐☐☐
considerate	friendly	和 (화할 화)	☐☐☐
reputation	honor	譽 (명예 예)	☐☐☐
respect for parents		孝 (효도 효)	☐☐☐
generation		世 (인간(세대) 세)	☐☐☐
substitute		代 (대신할 대)	☐☐☐
residence	house	家 (집 가)	☐☐☐
countryside	village	村 (마을 촌)	☐☐☐
assemble	meeting	會 (모일 회)	☐☐☐
organization		社 (모일 사)	☐☐☐
department		部 (나눌 부)	☐☐☐
district	zone	區 (구분할 구)	☐☐☐
metropolis	city	都 (도읍 도)	☐☐☐
capital		京 (서울 경)	☐☐☐
overpass	bridge	橋 (다리 교)	☐☐☐
avenue	road	道 (길 도)	☐☐☐
cross	pass	渡 (건널 도)	☐☐☐

Day 261

Civilian

(people)

민간인 (백성)

民 백성 **민**

民은 백성, 국민, 사람 등의 의미를 가진 글자로, 국민(國民, 한 나라의 구성원), 민족(民族, 같은 역사와 문화를 가진 집단) 등의 단어에서 사용된다.

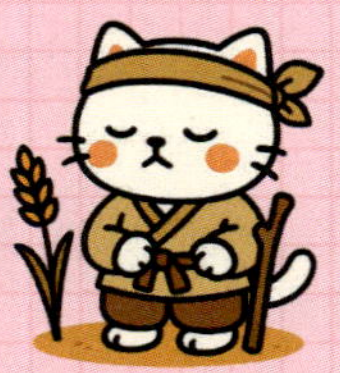

The area is closed to civilians

(그 지역은 민간인이 출입할 수 없다)

Day 262

Toil

(work)

힘든 노동 (일)

勞 일할 **로(노)**

勞는 일하다, 애쓰다 등의 의미를 가진 글자로,
노동(勞動, 힘을 들여 일함), 근로(勤勞, 부지런히 일함),
노고(勞苦, 수고로움과 고생) 등의 단어에서 사용된다.

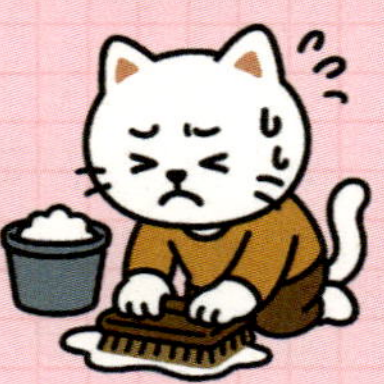

Farmers toil under the hot sun

(농부들은 뜨거운 태양 아래에서 힘들게 일한다)

Day 263

Occupation

(job)

직업

職 직분 **직**

職은 직업, 직책, 맡은 일 등의 의미를 가진 글자로, 직업(職業, 생계를 위한 일), 공직(公職, 정부나 공공기관에서 맡은 직책) 등의 단어에서 사용된다.

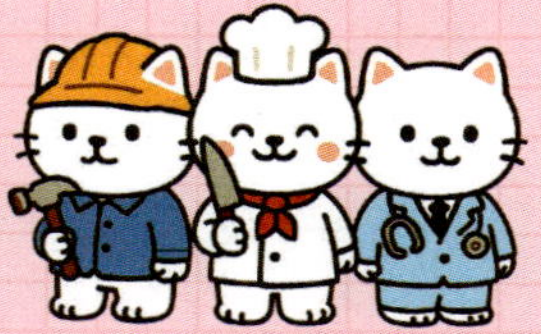

His occupation is a doctor

(그의 직업은 의사이다)

Day 264

Assignment

(duty)

과제 (업무)

務 힘쓸 **무**

務는 힘쓰다, 일하다 등의 의미를 가진 글자로, 업무(業務, 맡아서 하는 일), 의무(義務, 반드시 해야 하는 일), 근무(勤務, 직장에서 일함) 등의 단어에서 사용된다.

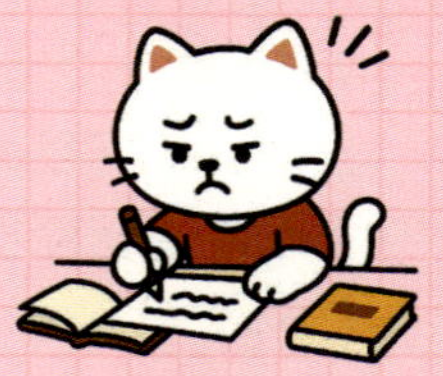

I finished my assignment

(나는 과제를 끝냈다)

Day 265

Master

(engineer)

장인 (기술자)

工 장인 **공**

工은 일하다, 만들다, 기술 등의 의미를 가진 글자로, 공장(工場, 물건을 생산하는 곳), 공인(工人, 기술을 가진 장인) 등의 단어에서 사용된다.

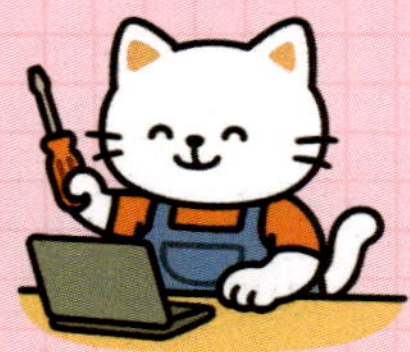

He is a master of cooking

(그는 요리의 달인이다)

Day 266

Affair

(task)

일, 사건 (과업)

事 일 **사**

事는 일, 사건, 직무 등의 의미를 가진 글자로, 사건(事件, 어떤 일이나 사고), 사무(事務, 업무나 행정적인 일), 대사(大事, 중요한 일이나 사건) 등의 단어에서 사용된다.

The scandal was a big affair

(그 스캔들은 큰 사건이었다)

Day 267

Operate

운용하다, 조작하다

動 움직일 **동**

動은 조작하다, 가동시키다 등의 의미를 가진 글자로, 운동(運動, 몸을 움직이거나 활동함), 자동(自動, 스스로 움직임) 등의 단어에서 사용된다.

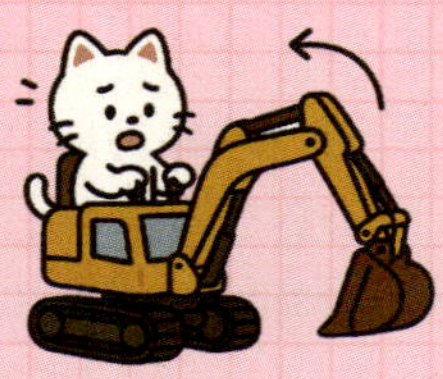

I don't know how to operate this
(이것을 어떻게 조작하는지 모르겠다)

Day 268

Apply

(use)

적용하다 (사용하다)

用 쓸 **용**

用은 사용하다, 쓰이다 등의 의미를 가진 글자로,
사용(使用, 무엇을 씀), 이용(利用, 필요에 맞게 씀)
등의 단어에서 사용된다.

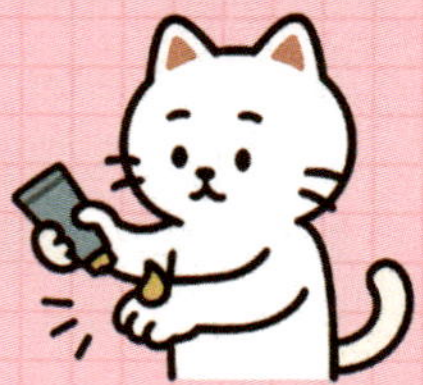

This law applies to everyone

(이 법은 모든 사람에게 적용된다)

Day 269

Capability
(gift)

능력, 역량 (재능)

才 재주 **재**

才는 재능, 능력, 재주 등의 의미를 가진 글자로, 천재(天才, 타고난 뛰어난 재능), 재능(才能, 특별한 능력이나 소질) 등의 단어에서 사용된다.

*gift: 선물, 재능

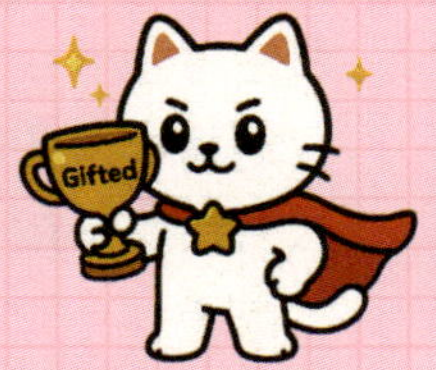

Show your true capability
(너의 진정한 능력을 보여줘)

Day 270

Expertise

(skill)

전문기술 (기술)

技 재주 **기**

技는 기술, 재주, 솜씨 등의 의미를 가진 글자로, 기술(技術, 어떤 일을 해내는 방법이나 능력), 특기(特技, 특별한 기술이나 재능) 등의 단어에서 사용된다.

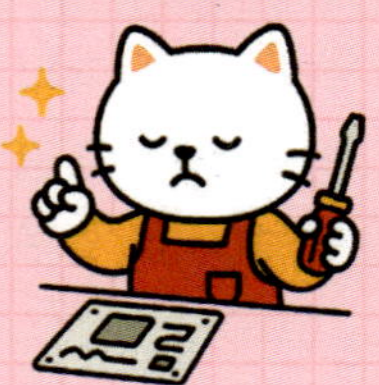

We need your expertise

(우리는 당신의 전문성이 필요합니다)

Day 271

Potential

(ability)

장재력 (능력)

能 능할 **능**

能은 능력, 재능 등의 의미를 가진 글자로,
능력(能力, 어떤 일을 해낼 수 있는 힘),
가능(可能, 할 수 있음) 등의 단어에서 사용된다.

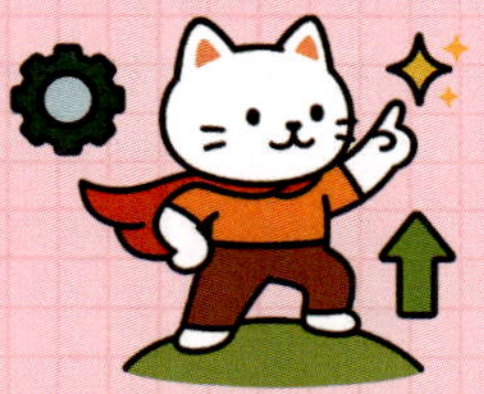

The project shows great potential

(그 프로젝트는 큰 가능성을 보인다)

Day 272

Strive

(effort)

노력하다

勉 힘쓸 **면**

勉은 힘쓰다, 노력하다 등의 의미를 가진 글자로, 면학(勉學, 학문에 힘씀), 권면(勸勉, 노력하도록 권함) 등의 단어에서 사용된다.

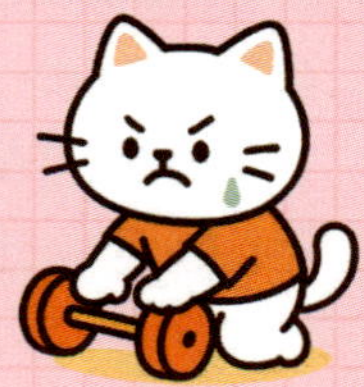

I strive to improve myself

(나는 나 자신을 발전시키려고 노력한다)

Day 273

Robust

(healthy)

건강한

健 튼튼할 **건**

健은 튼튼하다, 굳세다 등의 의미를 가진 글자로, 건강(健康, 몸과 마음이 튼튼함), 건전(健全, 올바르고 건강함) 등의 단어에서 사용된다.

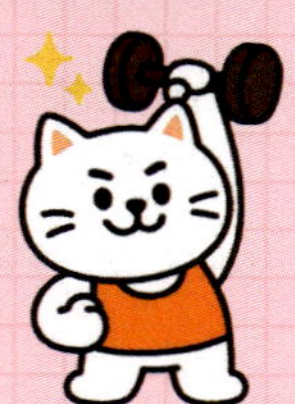

This chair is very robust

(이 의자는 매우 튼튼하다)

Day 274

Sturdy

(power)

튼튼한 (힘)

力 힘 **력(역)**

力은 힘, 에너지, 노력하다 등의 의미를 가진 글자로, 노력(努力, 목표를 이루기 위해 힘씀), 체력(體力, 몸의 힘) 등의 단어에서 사용된다.

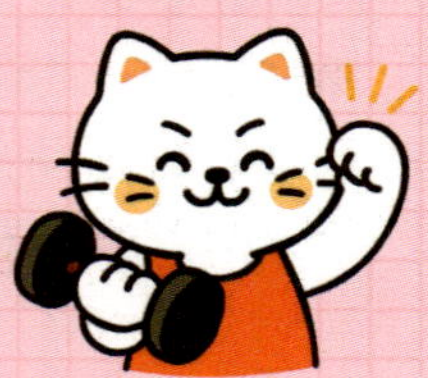

His sturdy arms showed real power

(그의 튼튼한 팔은 진짜 힘을 보여줬다)

Day 275

Tough

(strong)

강인한 (강한)

強 강할 **강**

強은 강하다, 힘이 세다 등의 의미를 가진 글자로,
강력(強力, 매우 강한 힘), 강도(強度, 강한 정도)
등의 단어에서 사용된다.

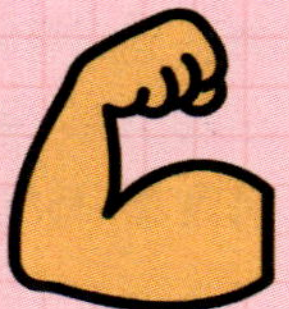

Life can be tough sometimes

(인생은 때때로 힘들 수 있다)

Day 276

Fearless

(brave)

두려움 없는 (용감한)

勇 날랠 **용**

勇은 용감하다, 겁이 없다 등의 의미를 가진 글자로, 용기(勇氣, 두려움을 이겨내는 마음), 용사(勇士, 용감한 사람) 등의 단어에서 사용된다.

*fear: 두려움, 공포 *less: ~없는, ~결여된(접미사)

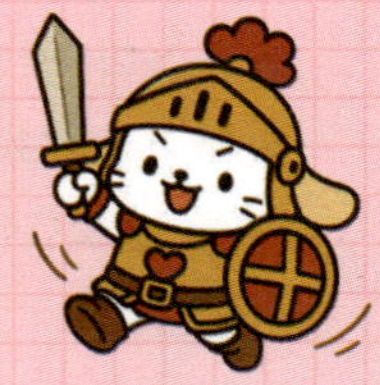

Education helps people grow

(교육은 사람들을 성장하게 한다)

Day 277

Vital
(live)

생명력이 넘치는 (살다)

活 살 **활**

活은 살다, 생기 있다 등의 의미를 가진 글자로, 생활(生活, 살아가는 일), 활동(活動, 움직이며 일함), 활력(活力, 생기 있고 힘참) 등의 단어에서 사용된다.

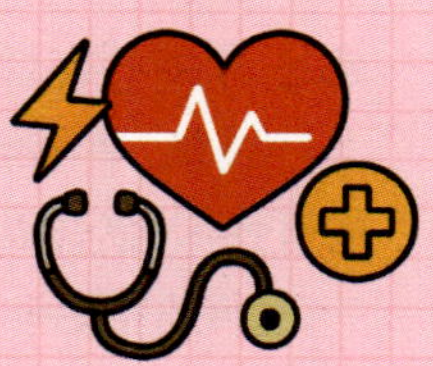

She has a vital spirit
(그녀는 생기 넘치는 정신을 가지고 있다)

Day 278

Survival
(life)

생존 (생명)

命 목숨 **명**

命은 목숨, 운명, 명령 등의 의미를 가진 글자로, 생명(生命, 살아 있는 목숨), 운명(運命, 정해진 삶의 길), 명령(命令, 윗사람이 내리는 지시) 등의 단어에서 사용된다.

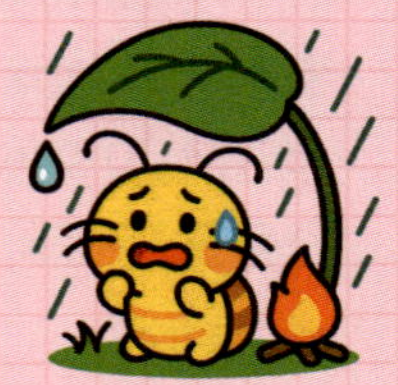

Water is essential for survival
(물은 생존에 필수적이다)

Day 279

Fatal

(death)

치명적인 (죽음)

死 죽을 **사**

死는 죽다, 멈추다 등의 의미를 가진 글자로, 사인(死因, 죽음의 원인), 필사(必死, 반드시 죽음을 각오함) 등의 단어에서 사용된다.

He made a fatal mistake

(그는 치명적인 실수를 했다)

Day 280

Extinct

멸종된

亡 망할 **망**

亡은 죽다, 사라지다 등의 의미를 가진 글자로, 사망(死亡, 죽음), 망국(亡國, 나라가 망함) 등의 단어에서 사용된다.

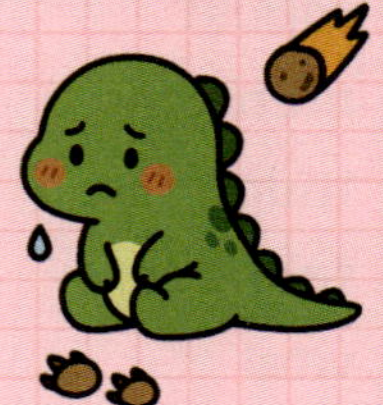

Some animals are going extinct
(몇몇 동물들은 멸종되고 있다)

280일 챌린지! 복습 타임!

영어		한자	체크
civilian	people	民 (백성 민)	☐☐☐
toil	work	勞 (일할 로(노))	☐☐☐
occupation	job	職 (직분 직)	☐☐☐
assignment	duty	務 (힘쓸 무)	☐☐☐
master	engineer	工 (장인 공)	☐☐☐
affair	task	事 (일 사)	☐☐☐
operate		動 (움직일 동)	☐☐☐
apply	use	用 (쓸 용)	☐☐☐
capability	gift	才 (재주 재)	☐☐☐
expertise	skill	技 (재주 기)	☐☐☐
potential	ability	能 (능할 능)	☐☐☐
strive	effort	勉 (힘쓸 면)	☐☐☐
robust	healthy	健 (튼튼할 건)	☐☐☐
sturdy	power	力 (힘 력(역))	☐☐☐
tough	strong	強 (강할 강)	☐☐☐
fearless	brave	勇 (날랠 용)	☐☐☐
vital	live	活 (살 활)	☐☐☐
survival	life	命 (목숨 명)	☐☐☐
fatal	death	死 (죽을 사)	☐☐☐
extinct		亡 (망할 망)	☐☐☐

Day 281

Expire
(finish)

만료되다 (마치다)

終 끝 **종**

終은 끝나다, 완료하다 등의 의미를 가진 글자로, 종료(終了, 일을 마침), 종말(終末, 마지막 순간) 등의 단어에서 사용된다.

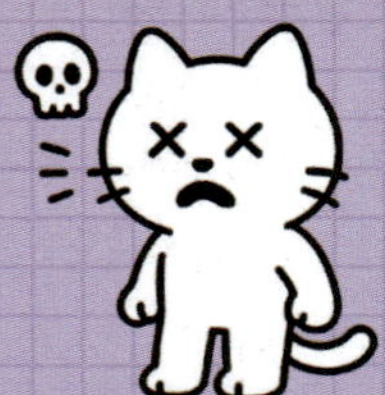

My passport will expire soon
(내 여권이 곧 만료된다)

Day 282

Preserve

(exist)

보존하다 (존재하다)

存 있을 **존**

存은 존재하다, 보존하다 등의 의미를 가진 글자로, 생존(生存, 살아 있음), 존재(存在, 실재함), 보존(保存, 유지하며 간직함) 등의 단어에서 사용된다.

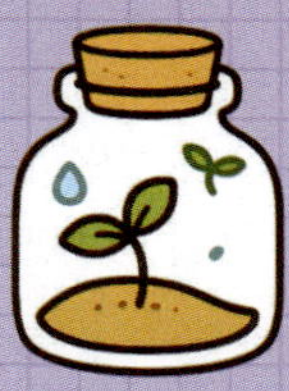

We must preserve nature

(우리는 자연을 보호해야 한다)

Pause
(break)

잠시 멈춤 (휴식)

憩 쉴 게

憩는 쉬다, 휴식하다 등의 의미를 가진 글자로, 휴게(休憩, 잠시 쉬는 것), 휴게실(休憩室, 쉬는 공간) 등의 단어에서 사용된다.

Let's pause the movie for a break
(휴식을 위해 영화를 잠시 멈추자)

Day 284

Recovery

(rest)

회복 (휴식)

息 쉴 식

息은 숨쉬다, 쉬다, 멈추다 등의 의미를 가진 글자로, 휴식(休息, 쉬면서 피로를 풂), 안식(安息, 편안히 쉼) 등의 단어에서 사용된다.

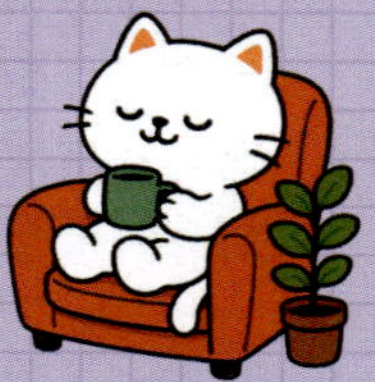

She is in recovery now

(그녀는 지금 회복 중이다)

Day 285

Comfort

(relief)

편안 (안심)

安 편안할 **안**

安은 편안하다, 평화롭다 등의 의미를 가진 글자로, 안전(安全, 위험이 없음), 안심(安心, 걱정 없이 마음이 편함) 등의 단어에서 사용된다.

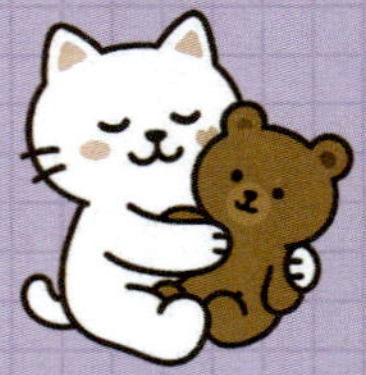

The soft music comforts me

(부드러운 음악이 나를 위로한다)

Day 286

Indicate

(display)

나타나다 (전시)

表 겉 **표**

表는 겉, 나타내다, 알리다 등의 의미를 가진 글자로, 표면(表面, 물체의 겉부분), 발표(發表, 공개적으로 알림) 등의 단어에서 사용된다.

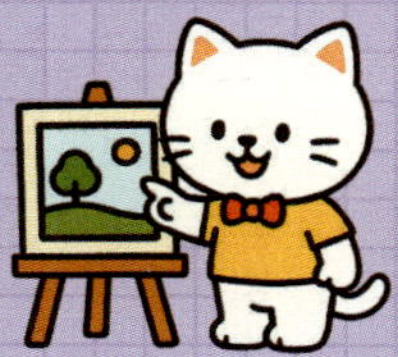

The sign indicates the exit

(그 표지판은 출구를 나타낸다)

Day 287

Contained

(inside)

포함된 (내부)

內 안 **내**

內는 안, 속, 안쪽 등의 의미를 가진 글자로,
내용(內容, 어떤 것의 속에 들어 있는 것),
내부(內部, 어떤 것의 안쪽 부분) 등의 단어에서
사용된다.

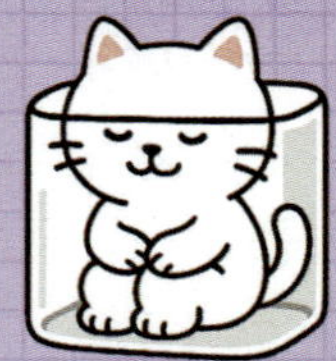

The bottle contained water

(그 병에는 물이 들어 있었다)

Day 288

Lodge

(hotel)

산장 (호텔)

宿 묵을 **숙**

宿은 잠자다, 머무르다 등의 의미를 가진 글자로, 숙박(宿泊, 잠시 머물며 묵음), 숙소(宿所, 머무는 장소) 등의 단어에서 사용된다.

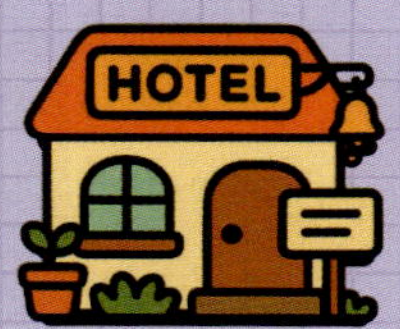

The lodge was cozy and warm

(그 산장은 아늑하고 따뜻했다)

Day 289

Frame

(window)

창틀 (창문)

窓 창 **창**

窓은 바람과 빛을 들이기 위해 벽에 낸 틈을 의미하며, 차창(車窓, 자동차나 기차의 창문), 창구(窓口, 업무를 처리하거나 민원을 받는 곳, 민원 창구) 등의 단어에서 사용된다.

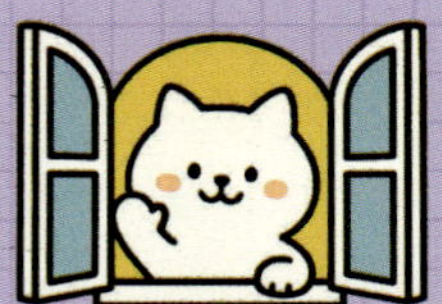

The door frame is broken

(문틀이 부서졌어)

Entrance
(door)

입구 (문)

門 ^문 **문**

門은 사람들이 드나드는 통로를 의미하며, 정문(正門, 건물의 주요 출입구), 교문(校門, 학교의 출입구) 등의 단어에서 사용된다.

The entrance is on the left
(입구는 왼쪽에 있다)

Day 291

Torch
(lamp)

횃불 (등)

燈 등불 **등**

燈은 어두운 곳을 밝히는 불빛을 의미하며, 전등(電燈, 전기로 밝히는 불), 가로등(街路燈, 길에 있는 등불) 등의 단어에서 사용된다.

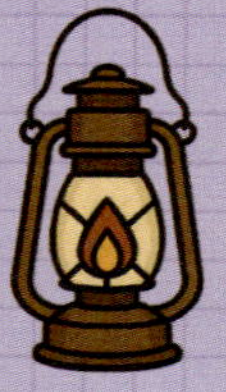

They carried a torch in the dark
(그들은 어둠 속에서 횃불을 들고 갔다)

Day 292

Square

(park)

광장 (공원)

園 동산 **원**

園은 울타리 안의 넓은 공간을 의미하며,
공원(公園, 사람들이 쉬는 공간), 동물원(動物園,
동물이 있는 곳) 등의 단어에서 사용된다.

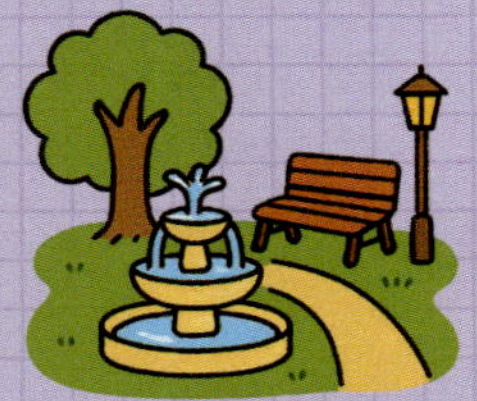

The festival was held in the square

(축제는 광장에서 열렸다)

Day 293

Correct

(change)

수정하다 (바꾸다)

改 고칠 **개**

改는 고치다, 바꾸다 등의 의미를 가진 글자로, 개선(改善, 잘못을 고쳐 좋게 함), 개정(改正, 글이나 법 등을 고쳐 바르게 함) 등의 단어에서 사용된다.

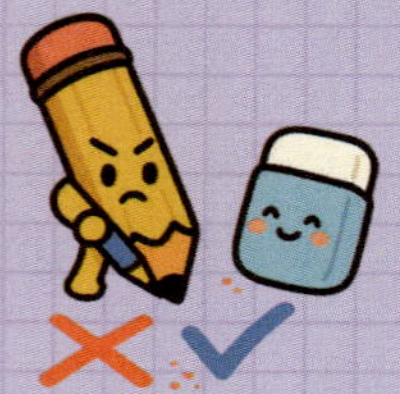

They corrected the disease name

(그들은 질병 이름을 수정했다)

Day 294

Disease

(sickness)

질병 (병)

病 병 **병**

病은 병, 아프다, 질병 등의 의미를 가진 글자로, 병원(病院, 치료를 받는 곳), 질병(疾病, 몸이 아픈 상태) 등의 단어에서 사용된다.

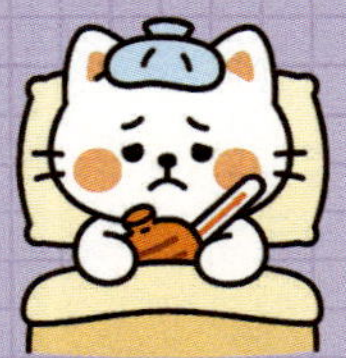

He is suffering from a rare disease

(그는 희귀병을 앓고 있다)

Day 295

Bleeding
(blood)

출혈 (피)

血 피 **혈**

血은 피, 혈액 등의 의미를 가진 글자로,
출혈(出血, 피가 나는 것), 혈족(血族, 같은 피를
나눈 가족) 등의 단어에서 사용된다.

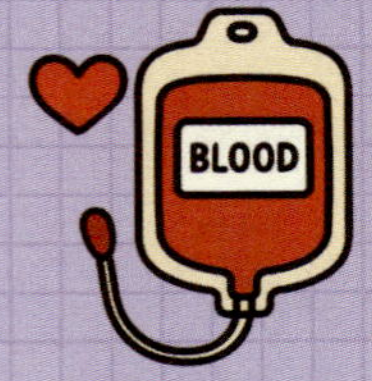

She tried to stop the bleeding
(그녀는 출혈을 멈추려고 했다)

Day 296

Suffering
(hurt)

고통 (아프다)

痛 아플 **통**

痛은 아프다, 고통스럽다 등의 의미를 가진 글자로, 통증(痛症, 아픈 증상), 두통(頭痛, 머리가 아픈 것), 고통(苦痛, 몸이나 마음이 아픈 상태) 등의 단어에서 사용된다.

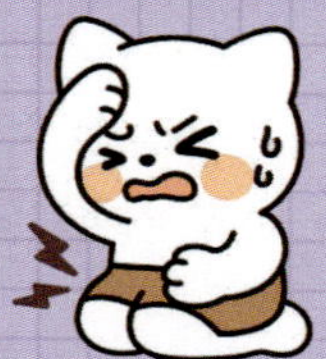

She is suffering from a bad cold
(그녀는 심한 감기로 고통받고 있다)

Day 297

Hardship

(pain)

고난 (고통)

苦 쓸 고

苦는 쓰다, 괴롭다 등의 의미를 가진 글자로,
고생(苦生, 힘들고 어려운 생활), 고난(苦難, 힘들고
어려운 일) 등의 단어에서 사용된다.

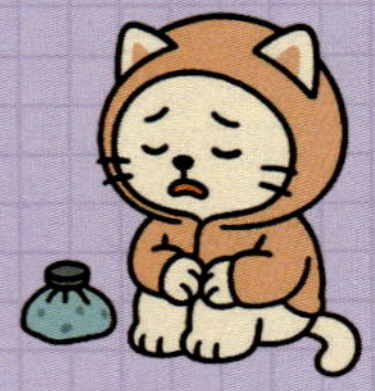

He went through financial hardship

(그는 경제적인 어려움을 겪었다)

Tolerate
(bear)

참다

忍 참을 **인**

忍은 참다, 견디다 등의 의미를 가진 글자로,
인고(忍苦, 괴로움을 참고 견딤), 용인(容忍, 너그러운
마음으로 참고 용서함) 등의 단어에서 사용된다.

She tolerates spicy food well
(그녀는 매운 음식을 잘 견딘다)

Echo
(sound)

메아리 (소리)

音 소리 **음**

音은 음향, 목소리 등의 의미를 가진 글자로,
음악(音樂, 소리를 맞추어 조화롭게 구성한 예술),
발음(發音, 소리를 내어 말하는 방식) 등의 단어에서
사용된다.

His words echoed in my mind
(그의 말이 내 머릿속에서 계속 맴돌았다)

Day 300

Lyric
(song)

가사 (노래)

歌 노래 **가**

歌는 노래하다, 노래 등의 의미를 가진 글자로,
가수(歌手, 노래 부르는 사람), 가사(歌詞, 노랫말)
등의 단어에서 사용된다.

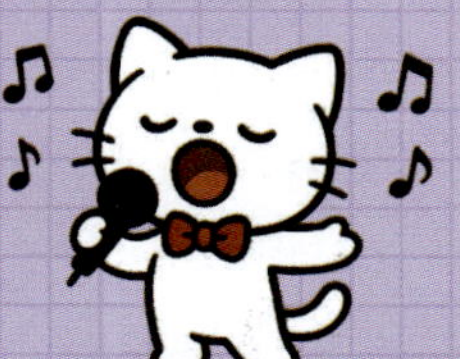

I love the lyrics of this song
(나는 이 노래의 가사를 좋아한다)

영어		한자	체크
expire	finish	終 (끝 종)	☐☐☐
preserve	exist	存 (있을 존)	☐☐☐
pause	break	憩 (쉴 게)	☐☐☐
recovery	rest	息 (쉴 식)	☐☐☐
comfort	relief	安 (편안할 안)	☐☐☐
indicate	display	表 (겉 표)	☐☐☐
contained	inside	內 (안 내)	☐☐☐
lodge	hotel	宿 (묵을 숙)	☐☐☐
frame	window	窓 (창 창)	☐☐☐
entrance	door	門 (문 문)	☐☐☐
torch	lamp	燈 (등불 등)	☐☐☐
square	park	園 (동산 원)	☐☐☐
correct	change	改 (고칠 개)	☐☐☐
disease	sickness	病 (병 병)	☐☐☐
bleeding	blood	血 (피 혈)	☐☐☐
suffering	hurt	痛 (아플 통)	☐☐☐
hardship	pain	苦 (쓸 고)	☐☐☐
tolerate	bear	忍 (참을 인)	☐☐☐
echo	sound	音 (소리 음)	☐☐☐
lyric	song	歌 (노래 가)	☐☐☐

Day 301

Clap

(tap)

박수 (치다)

拍 칠 **박**

拍은 손뼉 치다, 박자, 리듬 등의 의미를 가진 글자로, 박수(拍手, 손뼉을 치며 기뻐하거나 응원함), 박자(拍子, 음악에서 리듬을 이루는 기본 단위) 등의 단어에서 사용된다.

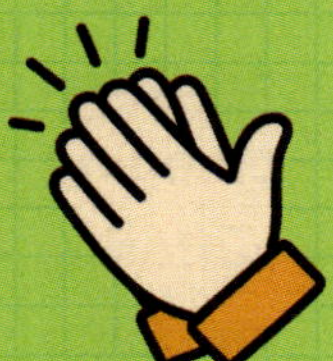

Clap your hands to the beat

(박자에 맞춰 손뼉을 쳐)

Day 302

Punch

(hit)

때리다 (치다)

打 칠 **타**

打는 치다, 때리다 등의 의미를 가진 글자로, 타격(打擊, 강하게 치거나 공격함), 타자(打者, 야구에서 공을 치는 선수) 등의 단어에서 사용된다.

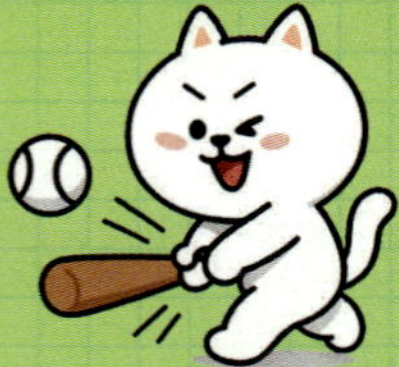

She punched the wall in anger

(그녀는 화가 나서 벽을 쳤다)

Day 303

Pitch

(toss)

던지다

投 던질 **투**

投는 던지다, 내던지다 등의 의미를 가진 글자로, 투구(投球, 공을 던지는 것), 투자(投資, 이익을 위해 자본을 투입함) 등의 단어에서 사용된다.

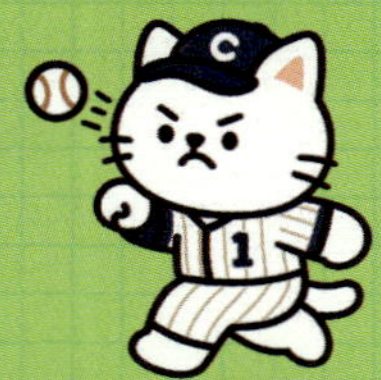

He pitched the ball to the batter

(그는 타자에게 공을 던졌다)

Day 304

Capture

(catch)

포획하다 (잡다)

捕 잡을 **포**

捕는 잡다, 붙잡다 등의 의미를 가진 글자로, 체포(逮捕, 죄인을 쫓아가서 잡음), 생포(生捕, 살아 있는 상태로 붙잡음) 등의 단어에서 사용된다.

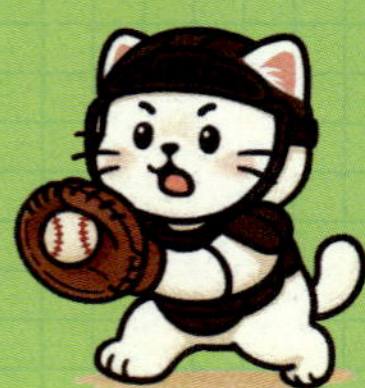

The police captured the thief

(경찰은 도둑을 잡았다)

Ascend
(climb)

오르다 (등산)

登 오를 **등**

졻은 오르다, 기록하다 등의 의미를 가진 글자로, 등산(졻山, 산을 오름), 등록(졻錄, 명부에 이름을 올림) 등의 단어에서 사용된다.

The sun began to ascend in the sky
(태양이 하늘로 떠오르기 시작했다)

Descend
(slip)

하락하다 (미끄러지다)

落 떨어질 락(낙)

落은 떨어지다, 내려오다 등의 의미를 가진 글자로, 낙엽(落葉, 나무에서 떨어진 잎), 탈락(脫落, 어떤 범위에서 빠져나감) 등의 단어에서 사용된다.

The plane descends slowly
(비행기가 천천히 하강한다)

Day 307

Tow

(pull)

견인하다 (당기다)

引 끌 **인**

引은 끌다, 당기다, 이끌다 등의 의미를 가진 글자로, 인도(引導, 앞에서 이끌어 줌), 유인(誘引, 흥미를 일으켜 꾀어냄) 등의 단어에서 사용된다.

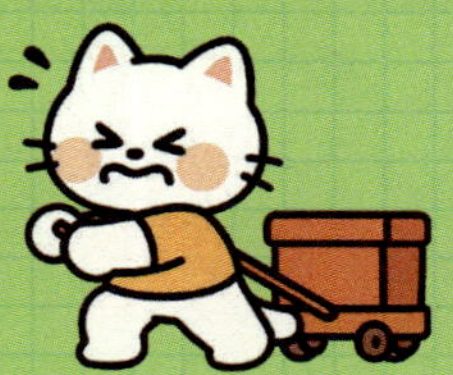

We need a truck to tow the boat

(우리는 배를 견인할 트럭이 필요하다)

Massive
(heavy)

거대한 (무거운)

重 무거울 중

重은 무겁다, 중요하다 등의 의미를 가진 글자로, 중요(重要, 매우 소중하고 필요한 것), 중량(重量, 물체의 무게) 등의 단어에서 사용된다.

He made a massive mistake
(그는 엄청난 실수를 했다)

Equipment
(machine)

장비, 기기 (기계)

機 틀(기계) 기

機는 기계, 틀, 기회 등의 의미를 가진 글자로, 비행기(飛行機, 하늘을 나는 탈것), 기회(機會, 어떤 일을 할 수 있는 좋은 때) 등의 단어에서 사용된다.

This equipment is expensive
(이 장비는 비싸다)

Day 310

Merchandise

(item)

상품 (물건)

件 물건 **건**

件은 사건, 일, 물건 등의 의미를 가진 글자로, 사건(事件, 어떤 일이나 사고), 건수(件數, 일이나 사건의 가짓수) 등의 단어에서 사용된다.

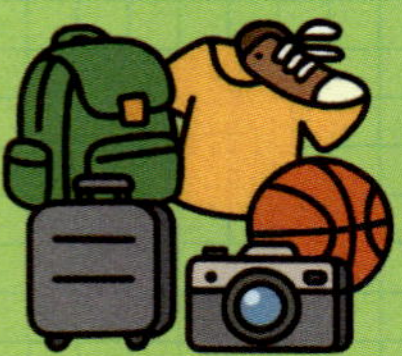

All merchandise is on sale today

(오늘 모든 상품이 할인 중이다)

Day 311

Enormous

(big)

거대한 (큰)

大 클 대

大는 사람이 팔을 벌린 모습을 형상화한 글자로,
대학(大學, 고등학교 이후의 교육기관),
대장(大將, 장군, 우두머리) 등의 단어에서 사용된다.

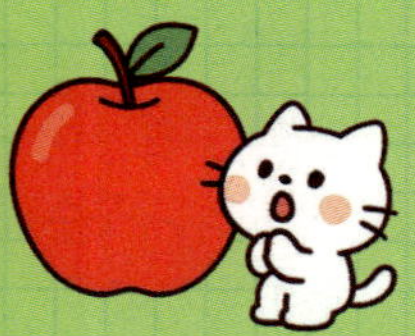

The elephant has enormous ears

(그 코끼리는 거대한 귀를 가지고 있다)

Day 312

Compact

(few)

소형의 (적은)

少 적을 **소**

少는 적다, 어리다 등의 의미를 가진 글자로,
소수(少數, 적은 수), 소년(少年, 어린 남자) 등의
단어에서 사용된다.

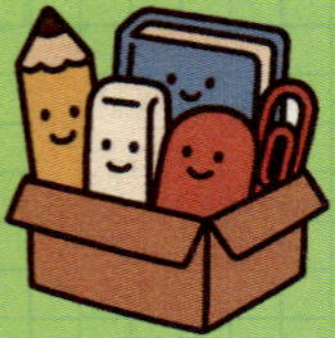

She lives in a compact apartment

(그녀는 작은 아파트에 산다)

Day 313

Intermediate

(middle)

중간의 (가운데)

中 가운데 **중**

中은 한가운데를 의미하며, 중앙(中央, 중심 부분), 중학교(中學校, 초등학교와 고등학교 사이의 학교) 등의 단어에서 사용된다.

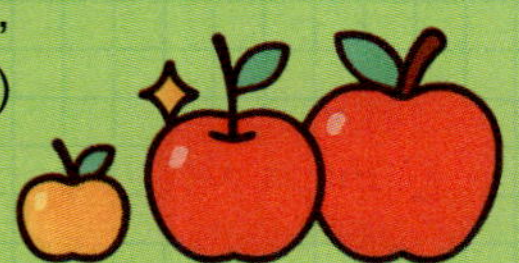

This is an intermediate level course

(이것은 중급 수준의 강좌이다)

Day 314

Soaring

(high)

치솟은 (높은)

高 높을 **고**

高는 높음을 나타내는 글자로,
고층(高層, 높은 층), 고속(高速, 빠른 속도) 등의
단어에서 사용된다.

The eagle is soaring in the sky

(독수리가 하늘 높이 날고 있다)

Day 315

Shallow

(low)

얕은 (낮은)

低

낮을 **저**

低는 낮음을 나타내는 글자로, 저온(低溫, 낮은 온도),
저급(低級, 낮은 등급) 등의 단어에서 사용된다.

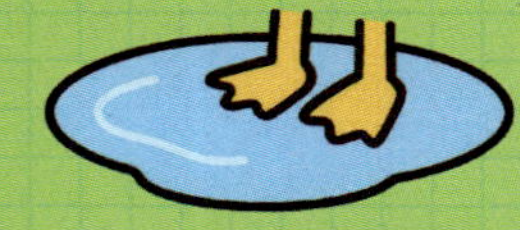

He walked in the shallow river

(그는 얕은 강을 걸었다)

Day 316

Limited

(short)

제한된 (짧은)

短 짧을 **단**

短은 길이가 짧음을 나타내는 글자로,
단기(短期, 짧은 기간), 단점(短點, 부족한 점) 등의
단어에서 사용된다.

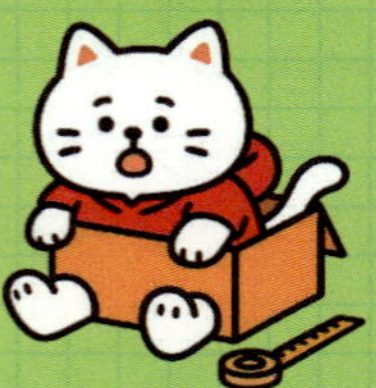

We have a limited time to finish

(우리는 끝낼 수 있는 시간이 제한되어 있다)

Day 317

Extended

(long)

연장된 (긴)

長 길 **장**

長은 길이, 우두머리, 어른 등을 나타내는 글자로, 교장(校長, 학교의 대표), 장점(長點, 뛰어난 점, 강점) 등의 단어에서 사용된다.

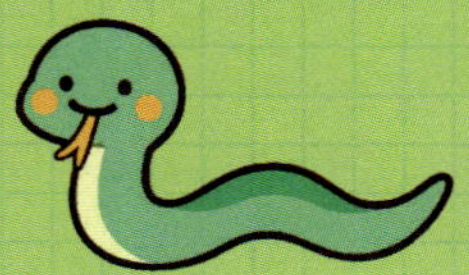

We had an extended vacation

(우리는 연장된 휴가를 가졌다)

Continuous
(lasting)

계속되는 (지속되는)

久 오랠 구

久는 오래되다, 오랫동안 등의 의미를 가진 글자로, 영구(永久, 영원히 지속됨), 장구(長久, 매우 길고 오램) 등의 단어에서 사용된다.

The rain was continuous all day
(비가 하루 종일 계속 내렸다)

Day 319

Eternal

(endless)

영원한 (끝없는)

永 길 **영**

永은 영원하다, 지속되다 등의 의미를 가진 글자로,
영원(永遠, 끝없이 계속됨), 영생(永生, 영원한 삶)
등의 단어에서 사용된다.

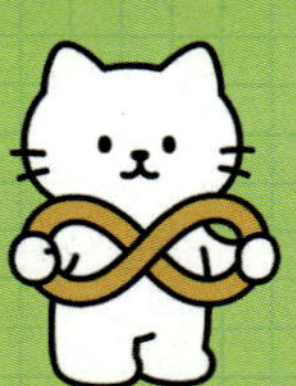

The universe seems eternal

(우주는 영원해 보인다)

Day 320

Ancient

(past)

고대의 (과거)

過 지날 **과**

過는 지나가다, 초과하다 등의 의미를 가진 글자로, 과거(過去, 이미 지나간 시간), 과속(過速, 너무 빠른 속도), 통과(通過, 지나서 통과함) 등의 단어에서 사용된다.

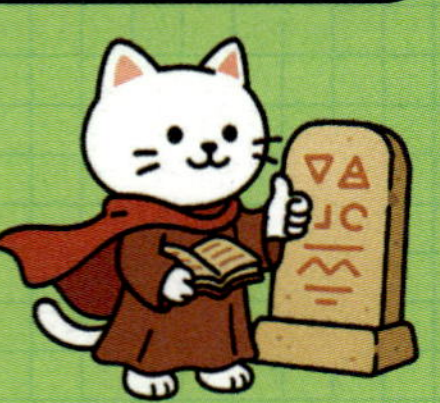

The ancient city was beautiful

(그 고대 도시는 아름다웠어)

320일 챌린지! 복습 타임!

영어		한자	체크
clap	tap	拍 (칠 박)	☐☐☐
punch	hit	打 (칠 타)	☐☐☐
pitch	toss	投 (던질 투)	☐☐☐
capture	catch	捕 (잡을 포)	☐☐☐
ascend	climb	登 (오를 등)	☐☐☐
descend	slip	落 (떨어질 락(낙))	☐☐☐
tow	pull	引 (끌 인)	☐☐☐
massive	heavy	重 (무거울 중)	☐☐☐
equipment	machine	機 (틀(기계) 기)	☐☐☐
merchandise	item	件 (물건 건)	☐☐☐
enormous	big	大 (클 대)	☐☐☐
compact	few	少 (적을 소)	☐☐☐
intermediate	middle	中 (가운데 중)	☐☐☐
soaring	high	高 (높을 고)	☐☐☐
shallow	low	低 (낮을 저)	☐☐☐
limited	short	短 (짧을 단)	☐☐☐
extended	long	長 (길 장)	☐☐☐
continuous	lasting	久 (오랠 구)	☐☐☐
eternal	endless	永 (길 영)	☐☐☐
ancient	past	過 (지날 과)	☐☐☐

Day 321

Time
(season)

시간 (계절)

季 계절 **계**

季는 계절, 끝부분, 끝 등의 의미를 가진 글자로, 사계(四季, 봄·여름·가을·겨울 4계절), 계절풍(季節風, 계절에 따라 부는 바람) 등의 단어에서 사용된다.

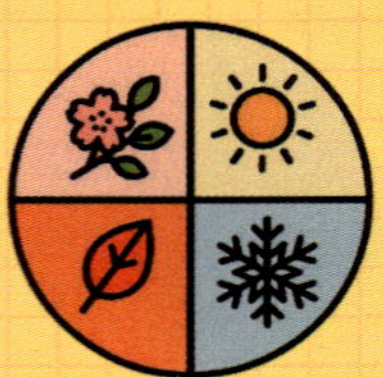

This time of the year is very cold
(일 년 중 이 시기는 매우 춥다)

Blossom
(spring)

꽃이 피다 (봄)

春 봄 춘

春은 봄, 생기, 젊음 등의 의미를 가진 글자로, 청춘(靑春, 젊은 시절), 입춘(立春, 봄이 시작되는 시기) 등의 단어에서 사용된다.

Cherry blossoms bloom in spring
(벚꽃은 봄에 핀다)

Midsummer
(summer)

한여름 (여름)

夏 여름 **하**

夏는 여름, 덥다 등의 의미를 가진 글자로,
하계(夏季, 여름철), 입하(立夏, 여름이 시작되는 시기,
24절기 중 하나) 등의 단어에서 사용된다.

*mid: 중간, 중앙을 뜻하는 접두어

Midsummer nights are long
(한여름의 밤은 길다)

Day 324

Autumn

(fall)

가을

秋 가을 **추**

秋는 가을, 수확하다 등의 의미를 가진 글자로, 추석(秋夕, 가을의 대표적인 명절), 추분(秋分, 가을의 낮과 밤이 같은 날, 24절기 중 하나) 등의 단어에서 사용된다.

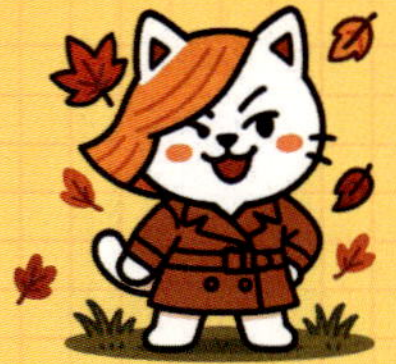

Autumn is my favorite season

(가을은 내가 가장 좋아하는 계절이다)

Day 325

Frosty
(winter)

서리 (겨울)

冬 겨울 **동**

冬은 겨울, 추위 등의 의미를 가진 글자로,
동계(冬季, 겨울철), 입동(立冬, 겨울이 시작되는 시기, 24절기 중 하나) 등의 단어에서 사용된다.

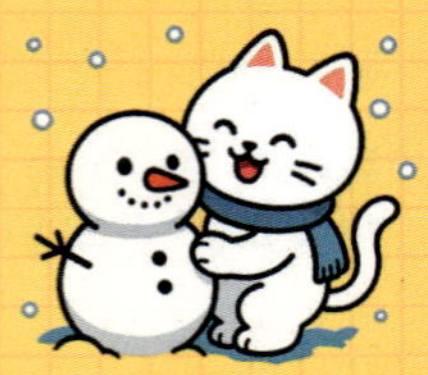

The wind feels frosty today
(오늘 바람이 차갑다)

Day 326

Dawn

(morning)

새벽 (아침)

曉 새벽 **효**

曉는 새벽, 동틀 무렵을 의미하며, 효성(曉星, 금성을 일상적으로 이르는 말), 효천(曉天, 새벽녘, 새벽 하늘) 등의 단어에서 사용된다.

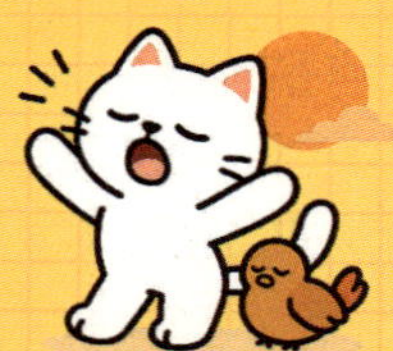

The birds start singing at dawn

(새들은 새벽에 노래를 부르기 시작한다)

Day 327

Blazing
(noon)

타는 듯한 (정오)

午 낮 **오**

午는 낮, 중간, 혹은 정오(12시)를 의미하는 글자로, 오전(午前, 아침시간, 12시(자정)부터 12시(정오)까지), 오후(午後, 오후시간, 12시(정오)부터 12시(자정)까지) 등의 단어에서 사용된다.

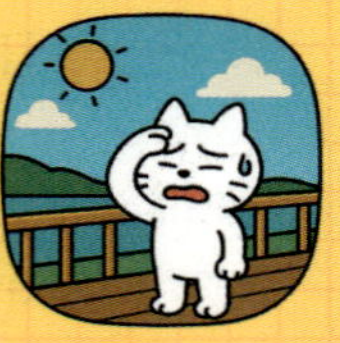

The noon sun was blazing

(한낮의 태양이 타오르고 있었다)

Day 328

Dusk
(evening)

황혼 (저녁)

夕 저녁 **석**

夕은 해가 지는 시간을 의미하며,
석양(夕陽, 저녁노을), 석식(夕食, 저녁식사) 등의
단어에서 사용된다.

*황혼: 해가 지고 어둑어둑해지는 저녁 무렵

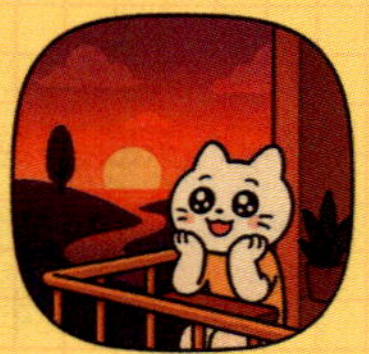

The sky became dark at dusk
(황혼 때 하늘이 어두워졌다)

Day 329

Darkness
(night)

어둠 (밤)

夜 밤 야

夜는 어두운 시간을 의미하며,
야경(夜景, 밤의 경치), 야간(夜間, 밤 시간) 등의
단어에서 사용된다.

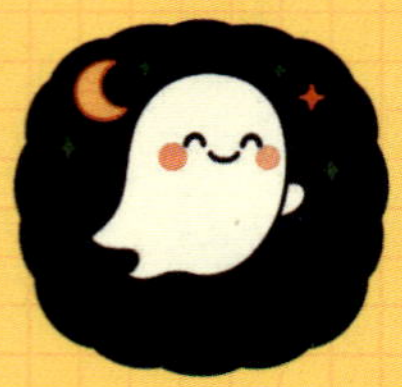

He was afraid of the darkness
(그는 어둠을 무서워했다)

Day 330

Current

(today)

현재의 (오늘)

今 이제 **금**

今은 지금, 현재 등의 의미를 가진 글자로,
금일(今日, 오늘), 금년(今年, 올해) 등의 단어에서
사용된다.

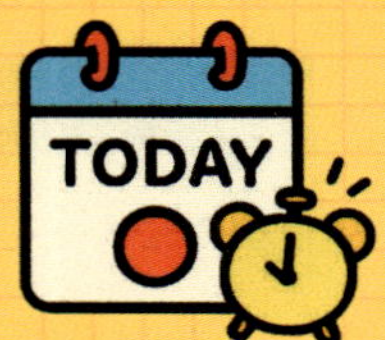

What is the current temperature?
(현재 온도는 얼마인가요?)

Day 331

Previous
(yesterday)

이전의 (어제)

昨 어제 **작**

昨은 어제, 지난날 등의 의미를 가진 글자로,
작일(昨日, 어제), 작년(昨年, 지난해) 등의 단어에서
사용된다.

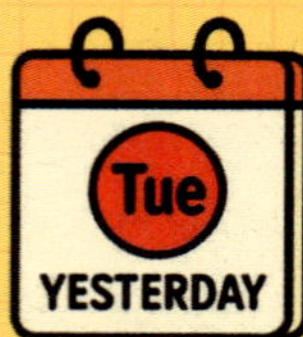

I missed the previous meeting
(나는 이전 회의를 놓쳤다)

Day 332

Biweekly

(week)

격주, 2주 (주)

週 돌 **주**

週는 7일 단위를 의미하며,
주간(週間, 한 주 동안), 매주(每週, 매주 반복) 등의
단어에서 사용된다.

*bi: 2, 격주, 둘 등의 접두사

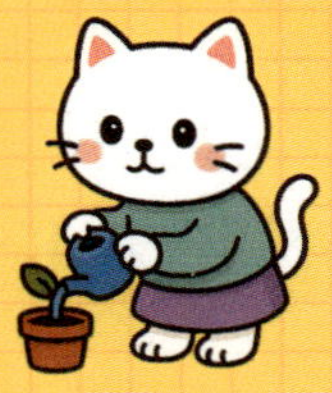

The meeting is held biweekly

(그 회의는 격주로 열린다)

Day 333

Prospective

(future)

장래의 (미래)

未 아닐 **미**

未는 아직 ~하지 않음, 미래 등의 의미를 가진 글자로, 미래(未來, 아직 오지 않은 시간), 미정(未定, 아직 결정되지 않음) 등의 단어에서 사용된다.

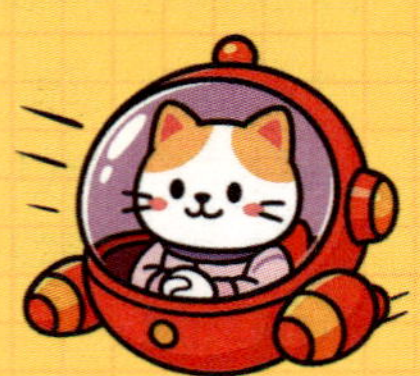

He is a prospective buyer

(그는 잠재적인 구매자이다)

Day 334

Direction
(path)

방향 (경로)

方 모 **방**

方은 방향, 방법, 지역 등의 의미를 가진 글자로,
방향(方向, 어떤 곳을 향하는 길이나 위치), 방법(方法,
어떤 일을 이루거나 해결하는 방식) 등의 단어에서
사용된다.

The map shows the direction
(그 지도는 방향을 보여준다)

Day 335

Annual
(year)

매년 (연)

年 해 **년(연)**

年은 한 해의 단위를 의미하며,
연도(年度, 특정한 해), 매년(每年, 해마다),
내년(來年, 다음 해) 등의 단어에서 사용된다.

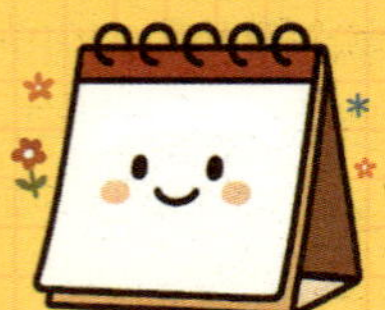

We have an annual meeting
(그 회사는 매년 회의를 연다)

Day 336

Orient

(east)

동양 (동쪽)

東 동녘 **동**

東은 동쪽을 의미하는 글자로,
동양(東洋, 동쪽의 바다, 즉 아시아), 동풍(東風, 동쪽에서 부는 바람) 등의 단어에서 사용된다.

The sun rises in the Orient

(태양은 동쪽에서 뜬다)

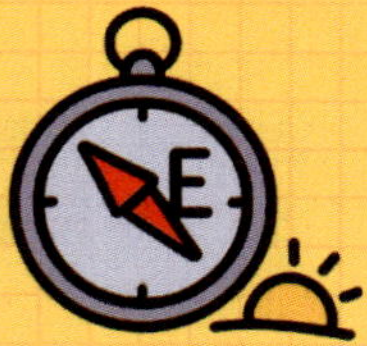

Day 337

West Coast
(west)

서해안 (서쪽)

西 서녘 **서**

西는 서쪽을 의미하는 글자로,
서양(西洋, 서쪽의 바다, 즉 서구), 서풍(西風, 서쪽에서 부는 바람) 등의 단어에서 사용된다.

*coast: 해안, 해안가

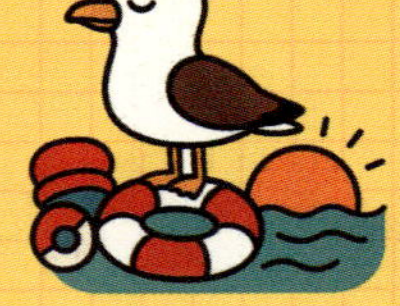

She lives on the West Coast
(그녀는 서해안에 산다)

Day 338

South Pole

(south)

남극 (남쪽)

南 남녘 **남**

南은 남쪽을 의미하는 글자로,
남방(南方, 남쪽 방향), 남극(南極, 지구의 남쪽 끝)
등의 단어에서 사용된다.
*pole: (지구의) 극, 기둥, 전봇대

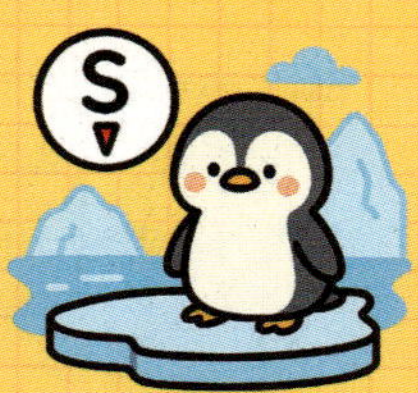

The South Pole is covered in ice
(남극은 얼음으로 덮여 있다)

Day 339

Arctic
(north)

북극 (북쪽)

北 북녘 **북**

北은 북쪽을 의미하는 글자로,
북방(北方, 북쪽 방향), 북풍(北風, 북쪽에서
부는 바람) 등의 단어에서 사용된다.

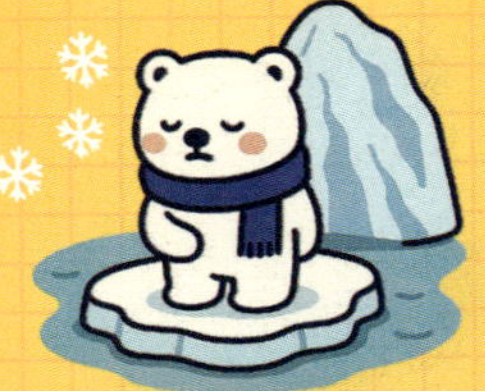

Polar bears live in the Arctic region
(북극곰은 북극 지역에 살고 있다)

Day 340

Preceding

(before)

앞선, 이전

前 앞 전

前은 앞, 이전, 먼저 등의 의미를 가진 글자로, 전일(前日, 전날), 이전(以前, 어떤 시점보다 앞), 전후(前後, 앞과 뒤/대략적인 시간) 등의 단어에서 사용된다.

Please check the preceding steps

(이전 단계를 확인해주세요)

340일 챌린지! 복습 타임!

영어		한자	체크
time	season	季 (계절 계)	☐☐☐
blossom	spring	春 (봄 춘)	☐☐☐
midsummer	summer	夏 (여름 하)	☐☐☐
autumn	fall	秋 (가을 추)	☐☐☐
frosty	winter	冬 (겨울 동)	☐☐☐
dawn	morning	曉 (새벽 효)	☐☐☐
blazing	noon	午 (낮 오)	☐☐☐
dusk	evening	夕 (저녁 석)	☐☐☐
darkness	night	夜 (밤 야)	☐☐☐
current	today	今 (이제 금)	☐☐☐
previous	yesterday	昨 (어제 작)	☐☐☐
biweekly	week	週 (돌 주)	☐☐☐
prospective	future	未 (아닐 미)	☐☐☐
direction	path	方 (모 방)	☐☐☐
annual	year	年 (해 년(연))	☐☐☐
orient	east	東 (동녘 동)	☐☐☐
west coast	west	西 (서녘 서)	☐☐☐
south pole	south	南 (남녘 남)	☐☐☐
arctic	north	北 (북녘 북)	☐☐☐
preceding	before	前 (앞 전)	☐☐☐

한자 공부의 꽃

사자성어 를 배워볼 시간이에요

사자성어는 네 글자로 된 한자 표현으로,
짧지만 깊은 뜻을 담고 있어요.
앞에서 배운 한자들이 여기서 어떻게
쓰이는지 함께 살펴봐요!

일상 속 사자성어

水 魚 之 交
물 **수**　물고기 **어**　갈 **지**　사귈 **교**

물과 물고기처럼 떨어질 수 없는 아주 가까운 사이

門 前 成 市
문 **문**　앞 **전**　이룰 **성**　시장 **시**

집 문 앞이 시장이 될 정도로 사람이 많이 찾아오는 상황

東 問 西 答
동녘 **동**　물을 **문**　서녘 **서**　대답 **답**

물음에 맞지 않는 엉뚱한 대답을 하는 모습

일상 속 사자성어

一	石	二	鳥
하나 **일**	돌 **석**	두 **이**	새 **조**

한 번의 행동으로 두 가지 결과를 얻는 상황

晝	耕	夜	讀
낮 **주**	밭 갈 **경**	밤 **야**	읽을 **독**

어려운 여건 속에서도 꿋꿋이 공부함

九	死	一	生
아홉 **구**	죽을 **사**	하나 **일**	날 **생**

매우 위험한 상황을 간신히 넘긴 상황

일상 속 사자성어

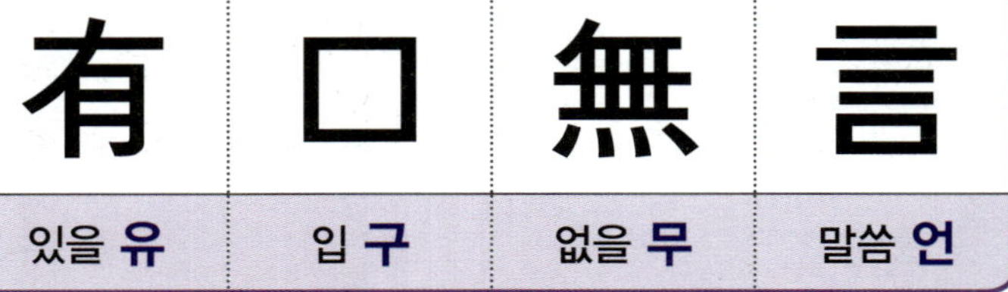

東	西	古	今
동녘 동	서녘 서	옛 고	이제 금

세상 모든 곳과 모든 시대를 통틀어 이르는 말

有	口	無	言
있을 유	입 구	없을 무	말씀 언

변명할 말이 없거나 변명을 못하는 모습

一	長	一	短
하나 일	길 장	하나 일	짧을 단

어떤 것에 좋은 점도 있고, 아쉬운 점도 있는 모습

일상 속 사자성어

人	山	人	海
사람 **인**	뫼 **산**	사람 **인**	바다 **해**

수많은 인파가 몰린 상황

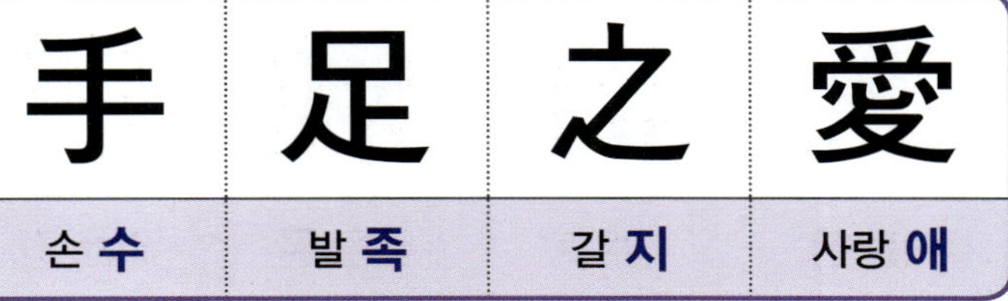

手	足	之	愛
손 **수**	발 **족**	갈 **지**	사랑 **애**

형제 간의 우애

家	和	萬	事	成
집 **가**	화할 **화**	일만 **만**	일 **사**	이룰 **성**

가정이 화목하면 모든 일이 잘 이루어진다

일상 속 사자성어

牛	耳	讀	經
소 **우**	귀 **이**	읽을 **독**	날(책) **경**

아무리 가르치고 일러주어도 알아듣지 못함

大	器	晩	成
클 **대**	그릇 **기**	늦을 **만**	이룰 **성**

크게 될 사람은 늦게 이루어짐

苦	肉	之	計
쓸 **고**	고기 **육**	갈 **지**	셀 **계**

어려운 상태를 벗어나기 위해 어쩔 수 없이 꾸며 내는 방법

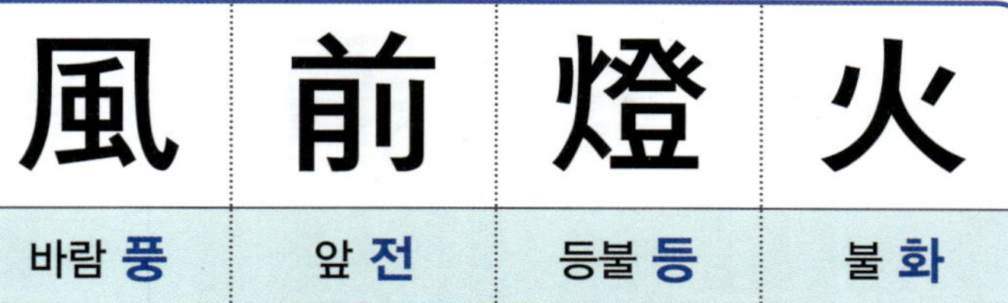

매우 위태로운 처지에 놓여 있음

둘이 싸우는 사이에 엉뚱한 사람이 애쓰지 않고 가로챈 이익

자기에게만 이롭게 되도록 생각하거나 행동함